원 플러스 원

옥경자 수필집

우리시대의 수필작가선 100

원 플러스 원

옥경자 수필집

수필세계사

책을 내며

조금 남다른 아이를 키우면서 우물 속 개구리로 살았다.
세상의 이목이 무서웠기 때문이다.
답답했던 내게 숨통을 틔워 준 것이 글을 쓰는 것이었다.
마음속에 있는 웅크린 어둠을 끄집어 내면서 세상을 보는 시야가 넓어졌다.
편견으로만 보던 세상의 작은 것 하나에도 남다른 시선으로 바꾸어 보는 여유도 생겼다.
이제 상처받은 내면아이를 다독다독 안고 가련다.
처음 글밭에 나와서 어정쩡하게 갈피를 못 잡고 헤매던 나에게 손을 잡아주던 대구대학 수필아카데미 박기옥 선생님께 감사드린다.

그리고 난잡한 글을 다듬어 주시고, 치유의 길을 걷게 해 주신 한국수필문학관 관장이신 홍억선 선생님께도 고마운 인사를 드린다. 함께 문우의 정을 나눈 에세이포럼, 수필 알바트로스 회원님께도 감사를 드린다.

2023년 중추에
옥경자

차례

책을 내며

제1부
선택

013　선택
017　말씀이 사랑이 되어
020　초록꽃
024　안과 밖
029　숨구멍
032　호기심 천국
035　죽을 죄
037　보리밥
040　꿈은 날개가 있다
043　마루 카페
047　아름다운 동행

제2부
괜찮아요

괜찮아요   053
병실 풍경   056
관계   059
다행이다   062
문 밖에서   065
토닥토닥   068
다영이   071
새가 울었다 075
매화같은 친구 079
다문화 결혼 082

제3부
지금 중요한 것

087 사과 축제
090 하회별신굿을 배우다
094 노래
098 제주도 기행
102 한밤중의 바보짓
105 애견시대
108 목구멍이 죄
110 있을 때 잘해
113 원 플러스 원
117 지금 중요한 것

제4부
맨발로 걷다

피아노 꽃이 피었습니다 123

맨발로 걷다 126

화성 남자 금성 여자 129

닮았다 132

똥손 135

고맙소 137

부부 141

예쁜 거짓말 144

내가 없어도 세상은 잘 돌아가 147

엄마 찬스 150

제5부
천사들의 합창

157 천사들의 합창

160 하늘 높이 날아라

164 경로우대

167 콩깍지와 콩

169 내 친구 옥자

172 물어나 볼 걸

175 층간 소음

178 할머니

181 흘려 보냄

184 쉼표

188 서랍 속의 까만 안경

192 엄마꽃

199 발문

제1부

선택

완도항에서 배를 타고 청산도로 갔다. 이곳 청산도에 사는 사람들은 대부분 농사를 짓거나 어업에 종사하고 있다. 우리나라 영화사상 최초로 100만 관객을 동원한 영화 '서편제'의 촬영지로 알려져 관광명소가 된 곳이기도 하다.

- 선택
- 말씀이 사랑이 되어
- 초록꽃
- 안과 밖
- 숨구멍
- 호기심 천국
- 죽을 죄
- 보리밥
- 꿈은 날개가 있다
- 마루 카페
- 아름다운 동행

선택

완도항에서 배를 타고 청산도로 갔다. 이곳 청산도에 사는 사람들은 대부분 농사를 짓거나 어업에 종사하고 있다. 우리나라 영화사상 최초로 100만 관객을 동원한 영화 '서편제'의 촬영지로 알려져 관광명소가 된 곳이기도 하다.

배에서 내려 서편제 길로 간다는 버스에 올랐다. 유봉 일가가 황톳길을 내려오며 진도 아리랑을 부르는 장면이 눈에 선하다. 꾸불꾸불한 서편제 고갯길이 저만치 보인다.

서편제의 여주인공은 송화이다. 유봉 일가는 송화가 노래를 불러 하루하루 연명하는 어려운 환경이었다. 송화의 아버지 유봉은 딸이 자신을 떠날까 봐 소리에 한이 묻어나지 않는다는 이유를 붙여 눈이 멀게 하는 약을 먹인다. 세상 경험이 없는 어린 처녀가 한이 무엇인지 어떻게 알겠는가. 그렇지만 아버지의 뜻에 순응하며 송화는 기꺼이 약을 마신다. 송화의 선택으로 눈먼 소리꾼이 된다.

고갯길에서 눈먼 송화가 흥겨운 자락으로 진도 아리랑을 부르며 내려오고 있다. 동생인 동호가 둥둥 북을 치며 함께 내려온다. 그 옆에서 아버지도 춤을 추며 흥을 돋운다. 유채꽃이 송화의 치맛자락처럼 나풀거린다. 굽이굽이 황톳길 저 너머에 무지개가 있기나 했을까.

가난한 집의 맏딸인 나는 학교에 가는 것이 눈치가 보였다. 부모님은 내가 학업을 그만뒀으면 하고 바라는 눈치였다. 중학교를 마치고 돈을 벌겠다고 했다. 어머니는 은근히 바라던 바였는지 반대하지 않았다. 나는 마음이 아팠지만 그래야만 할 것 같았다. 그러나 고등학교도 나오지 않은 학력으로 취직을 할 수 있는 곳은 공장밖에 없었다.

몇 년 돈을 모아 검정고시를 보고 대학에 갈 생각으로 직장생활을 시작했다. 나의 꿈은 조금씩 싹을 틔우고 있었지만 쉽게 이루어지지는 않았다. 받아오는 월급은 적지만 꼬박꼬박 어머니께 드려야 했고, 어려운 살림에 매달 받아온 월급은 생활비와 동생들 학비에 보탰다.

나는 교복을 입고 다니는 친구들을 피해 다녔다. 공장에 다니고 있는 내 모습을 친구들에게 보여주기 싫었기 때문이다. 친구들이 눈물 나도록 부러웠다. 하지만 언젠가는 나도 같은 자리에 있을 것이라는 꿈이 있었기에 버틸 수 있었다.

　부모님은 언제나 내게 맏이라는 굴레를 씌웠고, 책임감을 내세웠다. 결혼할 때도 나의 의사와 상관없이 외할머니의 말만 믿고 결혼날을 잡았다. 나는 결혼할 의사가 없다고 버텼지만, 소용이 없었다. 가난한 부모님으로서는 아무것도 해 줄 수 없었기에 혼수가 필요 없다는 말에 속아 나를 결혼시키기로 작정한 것이었다.

　마음에도 없는 사람과 결혼할 수 없다고 울며불며 버텼다. 흔히들 조선시대도 아닌데 그런 일이 있을 수 있나 말들 하지만 그런 일은 있었다. 아버지는 맏이가 모범을 보여야 동생들이 본받을 수 있다고 본보기가 돼라 하셨다. 지금 생각해 보면 참으로 바보였다. 한 번 밖에 없는 인생인데 내 인생을 왜 동생들한테 저당 잡혔을까. 내 인생을 내가 주관적으로 생각하지 못한 것은 누구의 죄도 아니다. 그것은 바로 나의 선택이었다.

　결혼식장에서도 눈물밖에 나오지 않았다. 하객들은 무슨 사연이 있는지 저렇듯 서럽게 우는 신부는 본 적이 없다고 말들이 많았다. 부잣집 차남이라고 외할머니의 말만 믿고 한 결혼이었지만 살림이 가난한 건 친정집이나 신혼집이나 다를 게 없었다. 어릴 때부터 가난하게 살아온 환경이 내게는 거름이 되었다. 살다 보니 아이들도 태어나고, 돈만 생기면 쓰고 보는 남편과의 갈등도 많았지만 아끼고 절약하며 집 장만도 했다.

아이들이 성인이 되었을 때, 비로소 내 속에 잠자고 있던 꿈을 펼쳤다. 검정고시를 보고 만학도로 대학에 진학했다. 학창시절도, 친구들도 없는 나 홀로 공부였지만 그래도 만족했다. 꾸역꾸역 올라오는 열등감을 발효시켜 이제는 세상을 향해 우뚝 서고 싶다.

멀리 보이는 부둣가에서 뱃고동이 울리고 있다. 관광객인지 청산도 주민인지 모르겠지만 배에서 내린 한 무리의 사람들이 서편제 고갯길을 향해 걸어오고 있다.

말씀이 사랑이 되어

엄동설한 1월에 첫아이를 낳았다. 출산은 했으나 나를 도와 줄 이가 아무도 없었다. 친정엄마가 동네 할머니를 도우미로 보내주었다. 할머니는 버스를 타면 졸다가 내리는 곳을 지나쳐 종점까지 갔다가 다시 집으로 돌아가는 일이 허다했다.

그게 더 신경 쓰여 오지 말라며 돌려보냈다. 혼자 미역국 끓이고 빨래를 하느라 산후조리를 제대로 하지 못했다. 한 칠이 지나고 시어머니가 오셨지만, 손님 대접만 받고 돌아갔다. 시어머니는 산모가 왜 몸조리를 해야 하는지 모르는 것 같았다. 당신께서는 아이를 열 명을 낳았어도 삼일 이상 누워 있어 본 적이 없다고 했다.

아이는 밤낮이 바뀌어서 낮에는 자고, 밤에는 울고, 미쳐 버릴 것 같았다. 울음소리에 남편이 깰까 봐 아이를 업고 밖에서 서성거렸다가 밤새 차가운 바람을 맞으며 거의 새벽녘에야 집으로 들어갔다.

몸은 천근만근이고, 세상 모르고 자는 남편을 보면 정나미가 떨어졌다. 어쩌다 아이가 깨어 울면 남편의 짜증도 만만찮았다. 제대로 잠을 자지도 못한 채 날이 새면 그때부터 기저귀를 빨아 삶아야 하고, 육아 전쟁이 시작되었다.

친정엄마는 뭐든지 내가 알아서 잘 할 것이라고 믿는 모양이었다. 누구도 내게 육아에 대한 지식을 말해 주지 않았다. 잠을 제대로 자지 못해서 밥맛도 떨어지고 극심한 우울증이 왔다. 날이 새면 기저귀 가방을 챙겨 아이를 업고 무작정 돌아다녔다. 집에 있으면 미쳐 버릴 것 같았기 때문이었다.

온갖 나쁜 생각이 나를 사로잡았다. 나는 내가 무서워졌다. 찻길에 뛰어들고 싶다는 극단적인 생각도 들었다. 어쩌면 미친 게 아닌가 싶기도 했다.

살아야겠다는 생각이 들어서 교회에 가서 기도했다. 무심한 남편은 잘 자고, 잘 먹으며, 남보다 못했다. 급기야 남편에게 내가 미친 것 같다고 정신병원에 입원시켜달라고 했다. 그는 정신을 차리라면서 사정없이 뺨을 때렸다. 갑자기 정신이 번쩍 들었다. 믿을 건 나 자신밖에 없었다.

그래도 죽으라는 법은 없었다. 동네에서 미용실 하는 분이 찾아왔다. 성당에 한번 나가보라 권했다. 지푸라기라도 잡아야 겠기에 아이를 업고 성당에 갔다. 열심히 교리교육을 받았다. 차츰차츰 세상을 보는 눈이 달라졌다. 죽고 싶었던 마음이 사라지고 세상 모든 것들이 소중하게 보였다.

아이를 달래야 하는 밤이면 옥상에 올라가 밤하늘을 올려다 보았다. 무수히 많은 별이 쏟아져 내리면서 내게 말을 걸었다. 이 아름다운 별들도 하느님의 작품 중 하나이며, 그 중에 가장 으뜸이 인간이라는 소리가 들리는 듯했다. 하느님은 가장 사랑하는 인간에게 시련만 주는 게 아니라는 생각이 들었다.

그때부터 하느님의 피조물인 자연에 대해서도 아름답다는 찬양을 하게 되었다. 시멘트 바닥을 뚫고 올라온 풀 한송이에게서도 경외심이 솟구쳐 올랐다. 내가 이 세상에 온 것은 다 이유가 있을 것이다. 내 삶에 책임과 의무를 다하리라 다짐해 보며 말씀이 사랑이라는 구절을 상기해 본다.

초록꽃

아직도 피지 않는 초록의 꽃망울, 내 딸이다. 잠에서 깨어날 기미조차 보이지 않는다. 꽃망울 속에만 있으니 초록꽃이라 부른다. 언제쯤 긴 잠에서 깨어나 예쁜 색깔로 꽃을 피우려나. 부질없는 바람은 오늘도 어김없이 내 곁에서 종종거리고 있다.

딸아이가 태어나서 다른 아이와 다르다는 것을 알게 된 것은 두 돌이 지났을 때였다. 대소변을 가리지 못하는 것은 물론이고, 걷는 것조차도 느렸다. 알아듣지 못하는 말로 중얼거리며 혼자서 노는 것도 여느 아이와 달랐다. 병원에 갔더니 소아 자폐증이라 했다.

아이의 동선은 잠자는 시간 외에는 멈추지 않았고, 사고의 연속이었다. 잠시라도 눈길을 떼면 밖으로 나가 찻길로 뛰어들었다. 자동차가 무섭지 않은 아이는 곡예를 하듯 그 상황을 즐기는 것 같았다. 소리 내어 부르지 못하고, 같이 찻길로 뛰어들어야만 했다. 위험한 일들이 어찌 이뿐이겠는가? 아이의 두 손과 두 발은 잠시도 쉬지 않고 사고를 쳤다.

나는 잠도 깊이 들지 못했다. 자다가도 깜짝깜짝 놀라서 아이를 찾았다. 사람들이 우리 모녀를 피하기 시작했다. 아무도 놀아주는 친구가 없었고, 갈 데도 없었다. 외딴 무인도에 갇혀 버린 듯 지독한 외로움이 엄습해 왔다. 친정으로 가도 눈치 보이는 건 마찬가지였다. 엄마마저 우리가 대문에 들어서면 한숨을 내쉬었다. 대놓고 정신 사납다는 푸념까지 했다. 이 세상 어떤 눈총보다 몇 배는 더 서러웠다.

친정에서 홀대받은 우리는 정말 갈 곳이 없었다. 엄마의 말은 송곳으로 나를 찌르는 것보다 몇 배는 더 아프게 가슴에 박혔다. 마음에서 덜덜덜 한기가 느껴졌다. 꽁꽁 언 얼음 위에 맨발로 서 있는 느낌이었다. 나는 아이의 상태보다 갈 곳 없는 신세가 더 서러웠다. 막막하고 모진 세월은 그래도 흘러갔다.

초등학교 입학통지서가 나왔지만 내 아이는 받아주지 않았다. 나는 또래 아이들이 책가방을 메고 학교에 갔다 오는 게 그렇게 부러울 수가 없었다. 속이 새까맣게 타들어 갔다. 어쩔 수 없이 아이를 특수학교에 입학시켰다. 초등에서 고등학교까지

십이 년을 아이의 하교 시간을 기다리며 학교 운동장에서 보냈다. 자식이 아니면 가능하지 않았을 시간, 내 젊은 시절은 그렇게 지나갔다. 학교 마당에서 아이를 기다리는 동안 뽀얀 먼지만 남기고 내 곁에서 그렇게 멀어져 간 것이었다.

특수학교를 졸업하고 나서 갈 데가 없었다. 장애인 복지관에 훈련생으로 입학했다. 사회적응 훈련으로 시작하는 교육과정은 일 년이 만기다. 도자기를 배우는 교육과정을 마치고 단순노동을 하는 작업장으로 배치되었다. 그나마 다행이었다. 모든 아이가 다 그런 과정을 밟는 것은 아니다. 경쟁률이 치열해서 상위권에 들어야 보호 작업장에 취업이 된다. 아이의 합격 소식을 듣고 지나간 시간들이 필름처럼 지나갔다.

나의 기다림은 여기서도 끝나지 않았다. 아침 아홉 시 반에 출근하고, 오후 네 시에 퇴근시켰다. 하루하루가 다람쥐 쳇바퀴 돌 듯 아이한테 맞춰지고 익숙해져 갔다.

복지관 생활 십오 년, 여기서도 문제가 나를 기다리고 있었다. 급식소에서 배식을 두 번씩이나 먹고 체중이 자꾸 불어났다. 양껏 먹지 못하게 하면 쓰레기통에서 물건을 주워와서 사물함 곳곳에 숨겨두고 나의 신경을 곤두서게 했다. 당뇨와 혈압이 정상치를 벗어났다. 체중조절을 하지 않으면 평생 성인병에 노출될 수 있다는 의사의 통보를 받았다. 운동과 식이요법을 시켰다. 그런데도 소용이 없었다. 이제는 혈압약을 복용하고 있다. 체중 조절에 실패했기 때문이다.

　아이는 손재주가 좋다. 즐겨하는 것 중의 하나가 종이접기다. 색종이를 가지고 손가락을 몇 번 꼬물거리면 예쁜 종이학 한 마리가 만들어진다. 종이학을 접을 때만은 천재다. 머리맡에도 발밑에도 온 집 안에서 종이학이 꿈꾸고 있다. 처음에는 예쁜 병을 사다가 넣어 두었는데 너무 많이 접어서 이제는 비닐봉지에까지 담아 놓았다. 천 개를 접으면 소원이 이루어진다는 사실을 아이는 알고 있을까? 무슨 소원을 빌고 있을까. 종이학을 접고 있는 나의 초록꽃은 아마 지구가 아닌 다른 별에서 살게 해 달라고 빌고 있을지도 모를 일이다.

안과 밖

스페셜 올림픽이 열리고 있는 장애인 복지관이다. '아름다운 도전'이라는 슬로건 아래 스페셜 올림픽은 4년마다 개최되며, 발달장애인과 지적 장애우들이 참가하는 올림픽경기이다. 성적을 위한 경쟁보다는 화합과 참여에 의미를 둔다.

지금은 영남지역에서만 열리는 영남 스페셜 경기이다. 이곳 복지관에서 열리는 경기 종목은 몇 가지밖에 없다. 나머지는 대구 시내 곳곳에서 나누어서 열리는 것으로 알고 있다.

내 아이가 출전한 경기 종목은 보체이다. 출발선에서 야구공보다 조금 큰 공을 손으로 굴리는 경기인데, 상대의 공보다 표적에 가깝게 굴리는 경기로 얼핏 보면 볼링공을 굴리는 것 같다. 공이 아이의 손에서 놓여졌다. 묘기를 부리듯이 옆으로 새

버린다. 긴장한 딸에게 파이팅을 외치며 V자를 펴보인다.

전반전 경기가 끝나는 걸 보고 경기장 곳곳을 기웃거려 본다. 탁구를 하는 남자 아이의 얼굴이 나름 진지하다. 자세는 좋지만 실적은 좋지 않다. 선수의 엄마는 소리 내어 응원할 수도 없다. 놀라서 경기의 규칙을 까먹을 수도 있기에 멀리서 바라만 봐야 한다. 8월의 뙤약볕은 뜨겁게 비추지만 엄마들은 그늘을 찾을 생각도 하지 않는다. 한 번도 스포츠에 참가해 보지 못한 자식들에게 오늘 마음껏 도전해 보라고 숨죽인 응원만 보낸다.

시합에서 해방된 딸아이가 돌아다니고 있다. 일등 먹었다고 친구들에게 자랑하고 싶은 것이다. 내가 이런 행복을 누릴 자격이 있을까 싶어 아이의 등 뒤에서 살며시 과거의 문을 열고 회상에 잠겨본다.

나는 오래 전에 갑상샘암이라는 진단을 받았었다. 지금은 갑상샘암이 그렇게 무서운 병이 아니라는 것이 알려졌지만 몇 십 년 전에 암이라는 것은 무서운 병이었다. 죽을 수도 있다는 사실보다 내가 없는 세상에서 누가 아이를 돌볼 것이냐는 것이 더 큰 문제로 다가와 받아들이기 두려웠다.

특수학교에 등교시키고, 두 시간 동안 운동장에서 기다리다가 하교시켜 집으로 데리고 오면 그때부터 나의 하루는 고달파졌다. 돌아다니며 사고를 치기 때문에 아이를 나가지 못하게 지키고 있어야 했다. 한집에 같이 사는 남편도 아이의 특성을 이해하지 못하고 살았다. 그런 일들을 어떻게 설명해야 하나 싶기도 하고 여러 가지로 심정이 착잡하기만 했다.

 암과 싸워 볼 생각도 하지 않고 백기를 들고 싶었다. 아이를 맡길 마땅한 방법도 생각나지 않았고, 내가 산다는 보장도 없으니 죽을 때 같이 죽었으면 싶은 마음만 절실했다. 성당의 신부님께 찾아가 사정 얘기를 했다. 나의 입장을 파악한 신부님은 성당에서 운영하는 재활원을 소개해 주었다.

 면접을 위해 찾아간 재활원에서 천방지축으로 설치던 아이도 겁먹은 듯 눈치를 살피고 있었다. 원장 선생님의 공지 사항을 듣는 둥 마는 둥 서류를 받아서 집으로 돌아왔다. 자식의 양육을 포기하는 서류를 방안에 펴놓고 꺼이꺼이 울었다. 한 번도 몸 밖으로 토해내 보지 않았던 설움의 잔재들이 한꺼번에 쏟아져 내렸다. 남편도 묵묵부답이었다. 아이를 버리려는 것이 아니라는 것으로 마음을 다잡아도 위로가 되지 못했다.

 저녁 무렵에 내일 입원하라는 통지를 받았다. 더 이상 울고 있을 수도 없었다. 시장에 가서 이불하고 잠옷과 내복을 샀다. 보자기를 열었다. 그동안 아이와 함께한 시간들이 먼저 놓였다. 가슴 한편이 착잡해졌다. 다른 엄마들보다 더 매정할 때도 있지 않았을까? 한 번이라도 아이의 입장이 돼보지 않았음은 물론이고, 내가 회초리를 든 것도 합당했었을까? 지난날의 힘든 시간이 내가 다 잘못한 것만 같았다. 온몸이 소나기를 맞은 듯 한기가 들었다.

나의 결정에 동의하는 남편의 마음도 착잡하기는 매한가지일 것이다. 세상 어느 부모가 자식과의 이별을 원하겠는가? 남편이 빈말이라도 한 번쯤 나 혼자서도 잘 키울 수 있다고 했다면 안심이 됐을까?

새로 산 잠옷을 들고 아이는 '재활원, 재활원' 하면서 뱅글뱅글 방안을 맴돌았다. 아이도 이별의 슬픔을 감지하고 있을까. 내가 제 어미라는 것을 몇 살까지 기억해줄까? 저를 버린 나를 용서할까? 갑자기 살고 싶다는 생각이 불같이 일었다. 서류를 찢어 버렸다. 그렇게 하지 않고 날이 밝으면 마음이 바뀔 것만 같아서였다. 살 수도 있는데 왜 죽는다는 생각만 하고 있을까. 병과 싸워 보지도 않고 내 몸의 반란에 왜 백기를 들고만 있을까. 나보다는 아이에게 너무 가혹하다는 생각에 정신이 번쩍 들었다.

수술을 받는 날, 친정어머니에게 맡긴다던 아이를 수술실까지 데리고 온 남편이 말없이 다가와 두 손을 잡게 했다. 죽고 사는 건 이미 나의 선택이 아니었다. 링거와 주삿바늘로 중무

장한 나에게 엉겨 붙어 떨어지지 않으려는 아이를 봐서라도 악착같이 살아야 했다. 수술실 밖 풍경을 아프게 눈에 넣으면서 나의 의식은 캄캄한 동굴 속으로 빠져들었다.

  아이는 금메달을 목에 걸고 단상에 오른다. 저 단순한 웃음을 보기 위해 내 힘든 과거 시간은 이제 잊어버리리라. 8월의 뜨거운 경기장 열기가 폐막식을 끝으로 서서히 식어가고 있다.

숨구멍

 봄이다. 버스정류장 앞 화원에 알록달록 예쁜 꽃이 한창이다. 작은 화분에 심어진 꽃을 샀다. 꽃은 흐드러지게 피어 있지만 좁은 화분 안에서 숨이 막혀 질식할 것 같았다. 꼭 아이와 나를 보는 것 같아서 숨통을 틔워주고 싶었다.
 커다란 화분 하나를 사서 분갈이했다. 아침마다 말을 건네고 눈길을 주었더니 새 생명을 얻은 것 같았다. 향이 짙어지고 잎도 윤기가 돌았다. 숨통이 트인 화분의 꽃처럼 아이와 나도 분갈이를 할 수 있다면 얼마나 좋을까.
 아이는 갇히는 걸 싫어하고, 밖으로 나가는 걸 좋아했다. 잠시 한눈을 팔면 잃어버리므로 항상 시선 안에 가둬두어야 했다. 밖으로 나가면 예기치 못한 일을 벌여놓는다. 어제 열려 있던 대문이 닫혀 있으면 대문을 기어이 열어놓아야 하고, 닫혀 있었던 대문은 닫아 놓아야 했다. 신발은 가지런히 있어야 하며, 그렇지 않을 때는 울고 떼쓰기를 반복했다. 이 모든 상황이 남의 집에서 벌어지는 게 문제였다.

커다란 강이나 다름없는 문밖의 세상은 위험천만의 세상이었다. 아이의 외출은 항상 나의 몸과 마음을 긴장하게 했다. 그 시절 내가 사는 동네 사람들은 대문과 방문을 잠그지 않고 살았다. 그래서 내게는 더 힘든 하루였다. 아이의 사고로 가슴은 하루에 수십 번도 더 벌렁거리고, 추스를 틈도 없이 하루가 갔다. 날이 밝으면 또 어떤 일이 나를 기다릴까 하는 생각으로 눈을 뜨기도 싫은 전쟁 같은 날들의 연속이었다.

남의 집인지 내 집인지 모르는 아이의 이상행동 때문에 도둑으로 몰릴 때도 있었고, 미치광이 취급을 받기도 했다. 아무 데도 오라는 사람은 없고, 어울릴 수도 없었다. 뒤통수에 꽂히는 시선은 날카로운 비수가 되어 내게 상처만 주었다. 어디 가서 하소연할 데도 없고, 숨조차도 크게 쉴 수 없었다. 마음은 항상 절벽 끝에 서 있었다.

그렇게 포기할 수는 없었다. 숨을 쉴 수 있는 탈출구를 찾아 헤맸다. 다른 곳으로 시선을 끌어 끊임없이 움직이는 아이의 동선을 줄여야 했다. 유일하게 장애인을 받아주는 수영장을 찾아냈다. 수영을 시작했다.

　아무리 설명해도 말귀를 알아듣지 못하는 아이가 답답했던 수영 강사는 오늘도 천천히 아이의 머리를 잡고 손으로 돌려주며 대신 숨을 쉬고 있다. 물을 싫어하던 아이가 그래도 물속에 있으니 반쯤은 숨쉬기에 성공한 셈이다. 엇박자로 숨을 쉬는 아이의 입에서 콜록거리며 물이 뿜어져 나온다. 몇 달째 기초적인 동작을 연습하고 있지만 별다른 진전은 없다. 한 시간을 물과 씨름하고 집에 돌아오면 밖에 나갈 생각을 접는다. 그때서야 내게도 숨구멍이 트이는 시간이다.

　나도 숨구멍을 찾아야 했다. 글쓰기에 도전하는 것이다. 좌충우돌 생활 속에 있는 사연들을 끄집어내서 한 줄 한 줄 진솔하게 써 내려갈 작정이다. 장애아를 가진 부모들의 심정을 함께 나누고 대변할 수 있는 글을 쓰고 싶다.

　오늘, 우리 집에 입주한 화분에 생명수를 부어준다. 꽃잎이 바르르 떨며 화답한다. 너도나도 숨구멍 좀 틔우며 살아 보자며 쓰담쓰담 손길을 보탠다.

호기심 천국

　순천만 국제정원을 찾았다. 갈대가 무성한 습지를 보기 위해 인파 속으로 들어갔다. 습지에는 여러 종류의 생명체들이 구멍을 들락거리며 사람들의 호기심을 자극했다. 사람들이 보든 말든 유유자적 돌아다니는 짱뚱어도 있었다. 짱뚱어는 자세히 들여다보지 않으면 진흙과 일체가 돼서 구별되지 않는다. 툭 불거진 눈이 호기심 많은 개구쟁이의 눈을 연상케 했다. 무엇이 신난 건지 폴짝거리며 뻘을 헤집고 다녔다. 녀석들은 사람이 얼마나 무서운지 모르고 있다. 호기심 많은 짱뚱어의 눈과 아이의 눈이 겹쳐 보였다.

　딸아이는 매일 집 밖이 궁금했다. 성당에 갔다 오니 그사이에 도망치듯이 집을 나가고 없었다. 전화해도 불리하면 절대

받지 않는 게 아이의 특성이다. 초조한 시간이 지나고 한참 후에야 자발적으로 전화가 왔다. 빨리 집으로 오라 해도 대답을 안 하고 끊어버렸다. 불안한 시간은 또 흘렀다. 일주일에 한두 번은 있는 일이지만 매번 불안한 생각이 머리를 떠나지 않는다. 온갖 위험한 상상이 내 마음을 흔들어 놓는다. 불안감은 언제나 엄마인 내 몫일 뿐, 여러 번 위험한 일을 겪었는데도 아이의 기억에는 조금도 남아있지 않았다.

혼자 나가는 아이의 뒤를 몰래 따라가다가 들켰다. 길거리에서 옥신각신하다가 지나가던 사람의 신고로 경찰이 오고, 엄마인 걸 확인하고 마무리됐다. 그 이후로는 몰래 따라가는 걸 포기했다.

돌아온 아이의 손에 들려있는 종이가방에는 온갖 잡동사니가 들어 있었다. 내 눈에는 쓰레기겠지만 아이에게는 세상 속 호기심이었다. 가져온 것들을 쓰레기통에 버리면서 그래도 무사 귀환에 감사의 기도를 드렸다.

아이가 나이가 드니 힘이 세져서 통제할 수 없는 일들이 벌어진다. 하도 긴장하고 살다 보니 이제는 아무것도 아닌 일에도 심장이 두근거린다. 내가 감당할 만큼 주어진 십자가라고 말하지만, 그것은 현실과는 동떨어진 논리에 불과할 뿐이다. 자판기 커피 한 잔만 사줘도 아무에게나 경계심을 푸는 아이

호기심 천국

다. 엄마의 노파심은 심중에 없을 것이다. 아이의 눈에 세상은 언제나 호기심 천국일 테니 말이다.

죽을 죄

딸만 둘 낳은 나에게 시어머니는 셋째 시숙의 아들을 양자로 삼으라 했다. 호적에 양자로 올려놓고 학비를 대주면 우리 부부의 제사를 지내준다는 조건이었다.

남편에게는 그 말이 먹혀들었다. 나는 다른 어떤 말에도 대꾸하지 않았지만, 그 말에는 심하게 반대했었다. 그러면서 집안일로 모이면 그 문제로 나를 괴롭혔다. 나는 죄를 지은 것도 아닌데 죄인 취급을 당해야 했다. 심지어 남편까지도 시어머니와 한편이었다.

시어머니의 장례식장에서 동서들이 모여서 어머니 얘기를 하다가 화제가 아이에게로 쏠렸다. 시어머니가 말하기를 내가 임신해서 약을 잘못 먹어서 장애아를 낳았다고 했다며 어디가 아팠느냐고 묻는 것이었다. 지금까지도 시집 식구들 모두 그렇게 믿고 있다는 것이었다.

　시어머니는 평소에 "너희 친정 쪽으로 그런 사람이 있으면 몰라도 우리 가문엔 그런 사람이 없었다." 하면서 볼 때마다 나에게 원망의 말을 했었기 때문에 짐작은 하고 있었다. 남편에게 밖에서 낳아 와도 아들은 있어야 한다고 은근히 부추기는 말을 하는 것도 들었다. 시어머니는 같은 여자이면서도 나와 아이에게 상처가 되는 모진 말들을 서슴없이 했다.

　하지만 내가 죽을죄를 지은 엄마인 것만은 명백하다. 아이는 지적장애를 안고 태어났다. 건강하게 낳아주지 못했으니 이만큼 죽을 죄가 또 있으랴. 매일의 삶이 서글퍼질 때가 있다. 때로는 바보처럼 멍하니 앉아있으면 아이가 내게 말한다.

　"엄마! 정신 차려!"

　뜬금없이 하는 말이겠지만 죽을죄를 씻으려면 정신 차리고 살아야지 하면서 나 자신을 일으켜 세운다. 흔히들 자신이 감당할 수 있을 만큼 십자가를 준다고 말한다. 그것은 겪어보지 않고 하는 말이다. 감당할 수 있는 만큼이 아니라 감당할 수밖에 없다. 자식으로 인해 생기는 힘듦과 불행은 내가 짊어져야 할 숙제라고 생각한다. 누구도 대신하지 못할 나만의 죽을죄이기 때문이다.

보리밥

전북 고창에 있는 청보리밭이다. 버스는 푸른 보리밭 언덕에 우리를 토해 놓았다. 예약 시간에 맞춰 바로 식당으로 안내를 받았다. 보리 새싹을 넣은 비빔밥이다. 말이 보리밥이지 쌀에 보리가 몇 알 섞여 있는 정도다.

어릴 때, 우리 집 옆에는 보리밭이 많이 있었다. 보리 속에서 깜부기를 찾아내어 한입 베어 물고 씩 웃으면 입안이 까매졌다. 친구끼리 서로 놀려먹던 추억이 지금도 생생하다. 보리를 추수하고 나면 보리 이삭을 주어다 미숫가루를 해 먹는 맛도 쏠쏠했다. 설탕이 귀했던 시절이었으니 단맛을 내는 사카린이라는 하얀 가루를 섞어서 물에 타 먹었다. 보리 미숫가루는 꿀맛이었다.

초등학생 때였다. 갑자기 복통이 난 아버지가 병원에 실려갔다. 당장 수술하지 않으면 위독하다고 했다. 문제는 수술비였다. 어머니는 아버지의 수술비로 쓰기 위해 돈이 될 만한 것들은 전부 팔았다. 그전에도 하얀 쌀밥을 먹지는 못했지만, 그때부터 우리 집은 명절이나 특별한 날이 아닐 때는 보리밥이 주식이 되었다.

어머니는 보리쌀을 한 솥 삶아서 소쿠리에 담아 무명 보자기를 덮어 선반에 얹어 놓았다. 밥때가 되면 삶아놓은 보리쌀을 쌀과 함께 밥솥에다 넣어 밥을 했다. 구수한 냄새가 나고, 뜸이 들면 밥솥에서 보리쌀을 한 알 떼어 씹어보고 익었다 싶으면 밥을 그릇에 담았다.

조금 섞인 쌀알은 할머니와 아버지 밥에만 들어갔다. 솥 밑바닥까지 저어서 마구 섞인 밥에 쌀알이라고는 거의 없었다. 보리밥은 오래 삶아야 하지만 찰기가 없어서 배가 금방 꺼졌다. 입이 짧았던 나는 동생들보다 유난히 보리밥을 싫어했다. 까칠하고 찰기가 없는 보리밥은 목구멍에서 넘어가지를 않았다. 시꺼면 보리밥만 주는 어머니가 어린 마음에 야속하기도 했다.

아버지는 항상 밥을 남겼다. 어린 자식들의 마음을 헤아려서 그런 것도 모르고 아버지의 밥그릇을 먼저 차지하려고 동생들과 다투다가 어머니께 차례로 맞았던 기억이 난다.

집을 판 돈은 아버지의 병원비로 쓰느라 바닥이 났다. 경제력이 없는 아버지를 대신해서 어머니가 생활비를 벌어야 했다. 한 입이라도 덜어야 한다며 할머니는 작은아버지댁으로 갔다. 어머니는 막내를 등에 업고 시장에서 경험도 없는 장사를 시작했다. 겨우 보리쌀을 살 정도의 수입으로 하루를 살았다. 그때부터 어머니를 대신해 어렸지만 맏이인 내가 밥을 하게 됐다. 쌀이 섞이지 않은 보리밥은 하기도 쉬웠다. 보리쌀을 푹 삶으면 밥이 되는 것이었다.

비가 오거나 장사가 안 될 때는 그나마 보리밥을 굶을 때도 있었다. 반찬도 없는 보리밥을 간장에 찍어 먹어도 배가 불러 행복했다. 보리쌀은 우리를 굶기지 않으려는 어머니의 눈물이었다. 어렸지만 그때부터 양식의 소중함을 깨달았다. 쌀밥 타령도 하지 않게 되었다.

바람이 소리 내며 보리밭을 밟고 지나간다. 잘 빗어놓은 머리카락처럼 가지런한 녹색의 물결이 파도를 탄다. 청보리밭 언덕에 서서 어린 시절 먹었던 보리밥을 떠올려 본다. 저기 언덕 너머 보리쌀을 사서 기진맥진 돌아오시던 어머니가 걸어오고 있다.

꿈은 날개가 있다

　꿈이 하나 있었다. 그 꿈은 항상 내 안에서 날개를 접고 기회만 보고 있었지만, 가난하고 형제가 많은 맏이에게는 가능하지 않은 소망이었다.
　결혼해서 아이를 낳아 기르면서 나는 그 꿈을 잊고 산 줄 알았다. 아니었다. 꿈은 계속 깊숙이 몸을 숨긴 채 저 혼자 비상을 꿈꾸고 있었다. 작은딸이 교육대학을 나와 임용고사에 합격한 날, 만세를 부르는 나의 겨드랑이가 근질거리기 시작했다. 나도 대학에 가고 싶다는 강렬한 욕망이었다. 내 안에 웅크리고 있던 새 한 마리가 날개를 퍼덕이기 시작했다.
　딸이 출근함과 동시에 검정고시 학원에 등록했다. 도시락을 싸서 책가방에 넣고 동네 사람들이 알까 봐 조바심을 내며 다녔다. 거의 반나절을 학원에서 보내며 졸기는 얼마나 졸았던 가. 몇 달 후에 검정고시를 보고 내게 대학에 다닐 수 있는 자격이 주어졌을 때 나는 이 세상을 다 얻은 듯 기뻤다.

 방송통신대학교에 입학했다. 중년이 넘은 나이에 공부한다는 건 쉬운 일이 아니었다. 집중되지 않는 나이에 암기하고 시험을 친다는 건 동굴 속 모험이나 다름없었다. 중간고사를 보기 위해 학교에 가서 하루에 열 시간씩 사흘이나 강의를 들어야 했다. 하지만 공부에 대한 열정만큼은 누구에게도 뒤지지 않았다.

 시험 준비를 하며 주위의 따가운 눈총을 피하느라 아르바이트 하러 간다고 거짓말까지 해가면서 도서관에 틀어박혀 있었던 적도 많았다. 그러다가 결국엔 들켜버렸다. 친구들에게서 그 나이에 골치 아프게 공부는 무슨 공부냐는 핀잔을 듣기도 했다. 친구들의 말도 일리는 있었다. 공부도 다 때가 있다는 말이 실감이 났다. 텅 빈 머릿속은 아무리 들어도 기억이 나지 않고 답답하기만 했다. 어렵게 입학한 학생 수에 비해 졸업하는 학생 수는 많지 않다는 방송통신대학교를 우수한 성적은 아니었지만 그래도 졸업했다. 어려운 논문은 수필 등단한 책으로 대신 면제를 받았다.

 꿈을 이뤄서 행복했다. 사는 동안 꿈을 접고 주부로, 누구의 엄마로 살아왔으니 이제는 당당하게 나의 꿈을 펼치고 싶다. 도서관에서 나오면 어둑어둑해진 밤이었다. 가슴 깊숙한 곳에서부터 잘하고 있노라며 스스로 응원도 했다. 좋은 음식, 명품 가방이 무슨 소용 있으랴. 내 꿈을 위해 달려가고 있다는 희망으로 나의 발걸음은 날개를 단 듯 가벼웠다.

영국의 유명한 등산가인 조지 맬러리(George Mallory)는 "산을 오르는 것이 힘들고 어려운데 왜 오르느냐?"는 질문에 "산이 거기에 있기 때문에 오른다."고 했다. 산은 바로 그의 꿈이었던 것이다.

접어두기만 하는 꿈은 반쪽 꿈이다. 펼쳐서 도전해야 비로소 아름답다. '꿈은 날개가 있다.'라고 소리치고 싶다.

마루 카페

내가 어렸을 때 살았던 집은 길갓집이었다. 큰방과 작은방을 나란히 하고 마루가 있었다. 대문은 항상 열어 놓았다. 살림은 넉넉하지 않았지만 사람 좋아하는 할머니께서는 오는 사람 가는 사람 다 참견하며 물이라도 마시고 놀다 가라고 청했다. 요즘처럼 문화센터나 경로당 같은 시설이 없었으니 모여서 수다 떨 장소도 마땅찮았을 것이다. 그래서 우리 집은 언제나 사람들의 왕래로 조용할 날이 없었다.

누구네 집에 행사가 있으면 우리 집 마루로 음식을 가져와서 나눠 먹었다. 지금 생각해 보면 엄마가 얼마나 귀찮았을까 싶기도 하다. 할머니가 돌아가시고 도시계획에 물려 집 일부분이 도로가 되었다. 좁아진 집을 정비하니 마루와 대문이 없어지고 현관문을 열면 바로 골목길이었다.

   언제부터인가 친정집 현관문 옆, 담벼락을 따라 마루가 놓였다. 마루에 장판을 깔고 비가 와도 걱정 없도록 지붕도 만들었다. 다시 마루가 형성되고 동네 사람들의 사랑방이 만들어졌다. 입출입이 자유로워진 마루에는 언제나 사람들이 모여 있었다.

   현관문이 열리며 양푼 가득 감자가 하얗게 분을 내며 등장했다. 감자를 좋아하는 우리 엄마의 인심이었다. 누군가 들고 온 수박이 빨갛게 속살을 드러내며 가지런히 잘려져 있고, 이곳저곳 골목 끝에서 한 가지씩 먹거리들을 가지고 오는 걸음걸이들이 바빴다.

   그곳에 비가 오나 눈이 오나 한결같이 마루에 나와 앉아있는 할머니가 있었다. 매일 출근하면서도 언제나 빈손이었다. 염치없는 사람이라고 미워하는 사람도 더러 있었다. 엄마는 사정을 아는 터라 너무 그러지 말라며 숟가락 하나 더 챙겨 드렸다.

   우리 집에 제사라도 있었던 다음날엔 아침부터 와서 세끼를 다 해결하고 갔다. 갈 때는 음식을 싸달라고까지 했다. 미안하다든지 그런 말은 하지 않았다. 엄마는 할머니가 조금 늦게 나오는 날이면 혹시나 해서 찾아가 보고 모셔 오기도 했다. 나는 그런 엄마가 이해되지 않았다.

할머니에게는 교도소를 내 집처럼 들락거리는 아들이 있었다. 아들이 집에 있어도 문제였다. 옆집에 뭐가 없어지면 제일 먼저 아들에게 의심이 갔다. 할머니에게 아들은 언제나 아픈 손가락이었다. 전과 기록이 많은 아들은 동네에서 무슨 일이 터지면 경찰들이 일순위로 찾아오기 일쑤였다. 동네 사람들은 그런 할머니와 어울리기 싫어했지만, 마루에 모여 노는 게 좋아 크게 내색하지 않고 지냈다.

노모에게 짐이 되지 않으려고 그랬는지 어느 날부터 아들은 집에서 보이지 않게 되었고, 할머니도 그런 아들을 더는 찾지를 않았다. 할머니는 어느 교도소에 있는지 죽었는지 살았는지 모른다고 남의 얘기처럼 했다. 그러나 남의 이야기를 들을 때나 음식을 먹고 있어도 시선은 언제나 먼 도로를 향하고 있었다.

어느 날 파출소에서 연락이 왔다. 확인할 것이 있다는 전갈을 받고 갔다 온 할머니는 며칠을 마루에 나오지 않았다. 아들이 노숙하다가 동사凍死한 것이었다. 며칠을 결석하더니 아무 일도 없었던 것처럼 또다시 할머니의 마루 지킴이는 계속되었다. 그렇지만 할머니의 눈은 이제 다시는 먼 길을 더듬지 않게 되었다.

대낮인데 앉아서 꾸벅꾸벅 졸던 할머니가 한숨 자고 오겠다며 집으로 갔던 날, 할머니는 낮잠 중에 숨을 거뒀다. 자식 복은 없지만 죽을 복은 잘 타고났다며 모두 부러워도 했지만, 한동안 마음 아파서 마루 카페는 숙연했다.

희로애락을 간직한 마루 카페에 어른들이 한 사람씩 보이지 않더니 비좁던 마루가 텅 비워졌다. 사람들은 저마다의 사연을 안고 세월을 따라서 가버렸다. 빈 마루 카페의 하루를 엄마가 지키고 있을 뿐이다.

내 나이가 처음 마루 카페가 놓이던 날의 엄마 나이보다 더 많아졌다. 내가 젊었을 적에는 땡볕에 노인들이 왜 저러고 있나 싶었다. 나도 그때 그분들의 시절로 돌아가 마루에 앉아본다. 나도 옛친구들이 보고 싶다. 엄마의 마루처럼 인심과 정이 가득한 공간이 그립다. 그리고 만나서 따듯한 커피라도 한잔 나누고 싶다.

아름다운 동행

 장애인 수영장이다. 한 쌍의 남녀가 수영장 안에 있다. 여자는 언제나 같은 동작으로 배영만 하고 있다. 배영이란 반듯이 누워서 하는 수영을 말한다.
 지적장애가 있는 딸의 수영강습을 위해 수영장에 갈 때마다 만나는 이 커플은 남자가 한쪽 팔로 여자를 감싸듯이 안고, 한쪽 팔로는 여자의 불편한 팔을 잡고 돌려주는 동작을 하고 있다. 남자는 장애가 없어 보이고, 여자는 반쪽이 마비된 장애인이다. 부부인 듯하다.
 남자가 숨을 고르며 수영장 벽에 기대어 잠시 쉬고 있다. 여전히 눈은 여자를 보고 있다. 한 손을 배 위에다 얹어놓고 기우뚱거리며 수영하는 여자의 모습이 물속에 떠 있는 가랑잎처럼 흔들린다. 저러다가 몸이 뒤집혀 버릴 것 같다. 보고 있는 나도 마음이 조마조마해진다.

딸 쪽으로 시선을 돌린다. 몸은 멀쩡하지만, 말귀를 못 알아듣는 딸은 숨쉬기 연습만 벌써 6개월째다. 수영 강사도 답답한 건 마찬가지다. 설명하다가 안 되겠는지 그냥 웃는다. 5세 정도의 지능에서 멈춰 버린 딸도, 저들 부부도 내 눈에 안쓰럽기는 마찬가지다.

장애인 수영장에는 나처럼 부모가 따라오는 예도 있지만 중증장애인은 대부분 활동지원사를 대동한다. 풀에 들어와서 아내의 수영을 도와주는 남편은 한 번도 본 적이 없다. 그래서 보기에 애잔하면서도 한편으로는 흐뭇한 광경이다.

유명한 이가 뇌졸중으로 쓰러져서 아내에게 간호받는 사연이 TV를 통해 방영되었다. 젊어서 외도로 아내를 버리고, 다른 사람과 살면서 병을 얻어 돌아온 남편이었다. 지극정성 끝에 남편을 회생시킨 아내, 유교 사회에서 희생은 대부분 여자의 전유물이라고 생각했기에 남편의 눈물을 보면서 별로 감동이 일지 않았다.

오늘은 처음으로 여자와 눈이 마주친다. 딱히 할 말이 생각나지 않는다. "수영을 잘하시네요." 하는 것도 어색하고, "힘드시죠?" 하는 것도 마땅치 않다. 이럴 땐 그저 웃는 게 상책이다 싶어서 어색한 웃음으로 대신한다. 그녀는 환한 웃음으로 답한다. 웃는 눈이 맑고 선량하다. 충분한 사랑을 누리는 자에게서만 볼 수 있는 여유로움이 느껴진다.

  물살을 가르는 이들 부부의 동작이 여느 때 보다 힘차다. 그들에게서 아름다운 동행을 본다.

제2부

괜찮아요

"괜찮아요. 괜찮아요."만 연발했다. 아이의 괜찮다는 말, 그 말은 이제 나는 밥을 먹어도 괜찮다는 표현이다. 의사는 조금만 더 기다려 보다가 CT를 한 번 더 찍어보고 밥을 줄 것인지 결정하자고 했다.

- 괜찮아요
- 병실 풍경
- 관계
- 다행이다
- 문 밖에서
- 토닥토닥
- 다영이
- 새가 울었다
- 매화같은 친구
- 다문화 결혼

괜찮아요

딸이 아팠다. 미열이 있는 것 같아서 병원에 갔다. 의사의 말로는 감기라고 했다. 감기약을 삼 일이나 먹였는데도 미열이 계속됐다. 그래도 잘 먹고 잘 자고 해서 그렇게 심각하게 생각하지는 않았다.

며칠이 지나도 열이 떨어지지 않아 종합병원으로 갔다. 의사소통이 되지 않아서 CT를 찍어보기로 했다. 결과는 맹장이 터져 복막염이 됐다고 한다. 장기 유착이 심해서 당장 수술하지 않으면 생명이 위험하다고 했다. 아무것도 모르는 딸은 "괜찮아요."를 연발하면서 수술실로 들어갔다. 괜찮다는 말은 아프지만 걱정하지 말라는 뜻이다.

수술실 밖에서 많은 생각이 꼬리를 물었다. 여느 아이와 같지 않아서 애를 먹일 때는 같이 죽어버리자고 모진 말을 할 때도 있었고, 회초리를 들 때도 많았다. 딸에게 용서를 청하는 마음으로 살려만 달라고 신께 매달렸다.

수술을 집도한 의사가 나왔다. 긴장한 내 마음을 읽었는지 그가 웃으면서 말했다. 수술은 잘 됐지만, 상태는 지켜봐야 하고 환자가 표현을 못해 이후가 더 걱정이라 했다. 회복실로 나온 딸은 마취가 덜 풀려 "괜찮아요. 괜찮아요."를 잠꼬대처럼 뱉고 또다시 깊은 잠 속으로 빠져들었다.

딸의 손등이 퉁퉁 부었다. 아프냐고 물어봐도 괜찮다고만 했다. 왜 밥을 주지 않느냐며 사람만 보이면 칭얼거렸다. 아이는 아픈 몸보다 온통 먹을 것에만 집중해 있었다. 뱃속에서 맹장이 곪아 터졌는데도 끼니를 찾던 아이가 아니었던가.

미안한 일이지만 내 목구멍도 포도청이었다. 배고프다고 울어대는 아이 앞에서는 먹을 수가 없었다. 숨어서 먹을 공간을 찾아 여기저기 돌아다녔다. 반찬이라고는 고추장에 멸치로 후다닥 해치웠다. 그리고는 안 먹은 척하고 같이 엄살을 부려야 했다.

방귀가 나와야 죽이라도 먹을 텐데 아이가 표현을 못하니 나도 미칠 지경이었다. 벌써 방귀가 나왔는지도 모를 일이다. 옆 침대의 아줌마는 어제부터 방귀가 나와 죽을 먹지만 아이는 여전히 금식이었다. 담당 의사가 "가스 나왔어요?" 하고 물으면 "괜찮아요. 괜찮아요."만 연발했다. 아이의 괜찮다는 말, 그 말은 이제 나는 밥을 먹어도 괜찮다는 표현이다. 의사는 조금만 더 기다려 보다가 CT를 한 번 더 찍어보고 밥을 줄 것인지 결정하자고 했다.

간호사가 주사를 놓는 사이에 확실한 방귀 소리가 들렸다.

"수경 씨, 방귀 나왔어!"

병실에 있는 모든 사람이 '와!' 하며 손뼉을 쳤다. 복도를 지나가던 사람들이 무슨 일인가 하고 우리 병실을 기웃거렸다.

병실 풍경

딸은 복막염 수술을 하고 사흘 만에 겨우 죽을 먹었다. 이제 한시름 놓았다. 병실 풍경은 아픈 사람들이 하루하루를 겪어나가는 삶의 전쟁터 같다.

건너편 침대의 할머니는 밥때가 되면 죽을상이다. 밥이 목구멍에서 넘어가지를 않는데 자식들은 자꾸 먹으라 한다며 세상만사가 다 귀찮은 표정이다. 먹는 것이 고역인 할머니는 먹지 못해 링거로 밥을 대신한다. 온 식구들이 매달려 한 번만 먹어 보라고 사정하지만, 할머니의 입술은 달싹하지도 않는다. 음식을 보면 구역질한다. 그러면서 독백처럼 힘겹게 한마디 한다.

"나는 먹으라고만 안 하면 살 것 같고, 처녀는 못 먹어서 죽을 맛이네. 목구멍이 포도청인데 먹어야 살지."

나도 밥때가 되면 괴롭다. 음식 냄새를 싫어하는 할머니 때문에 보호자 휴게소에서 쪼그리고 앉아 휘리릭 한 끼를 때운다. 한 번 먹으면 삼 일씩 먹지 않아도 되는 알약이 있었으면 좋겠다.

복도 건너편 병실은 2인 병실이다. 병실에 있는 부부는 아내만 환자복을 입고 있다. 깁스나 링거를 매달지 않았다. 혼자서도 잘 걷는 걸로 봐서는 중증은 아닌 것 같다. 남편이 뒷짐을 지고 걷고 있으면 아내가 뒷짐 진 손에 자기 손을 포갠다. 그러면 남편이 기다렸다는 듯이 살며시 아내의 손을 잡는다. 속삭이듯 대화하며 복도를 몇 바퀴 돌고는 병실로 들어가는 그 모습이 너무 다정스럽다.

노란 우산을 쓰고 복도를 누비고 있는 할머니는 약간 치매끼가 있는 듯하다. 복도에서 우산을 쓰고 다닌다. 손녀가 사준 우산을 자랑하고 싶은 것이다. 나도 그 행복에 끼어들어 본다.

"할머니, 우산 색깔이 너무 예뻐요."

할머니가 한마디 한다.

"응, 우리 손녀가 사다 준 우산이야."

손녀인 듯한 소녀가 할머니를 찾아 복도를 두리번거린다. 우산을 사다 준 그 손녀일 것이다.

아침부터 503호가 많이 소란스럽다. 뭔가 급한 일이 생긴 듯

총을 찬 남자들이 우리 병실에 있는 빈 침대를 끌고 간다. 나중에 안 일이지만 503호 실은 수인 병실이라 한다. 한꺼번에 세 명이나 환자가 생겨 감시 차 따라온 교도관들이 평소보다 많다. 503호 병실 문 앞에는 철창이 쳐져 있고, 그들이 들어가자마자 문이 굳게 닫힌다.

옆 병실에 있는 아주머니가 간호사에게 무섭다고 하소연하면서 병실을 바꿔 달라 한다. 간호사의 표정이 몹시 난감해 보인다. 아주머니는 총을 찬 교도관들이 무서운 건지 죄수가 무서운 건지 표현이 애매하다. 같은 층에 있으니 매번 503호를 지나쳐야 해 나 역시도 수갑을 찬 이도 무섭고, 총을 찬 이도 무섭다.

딸보다 하루 늦게 수술한 새댁은 사복으로 갈아입고 퇴원을 기다리고 있다. 그녀의 아들이 엄마 곁에서 재롱을 떠는 모습이 예사로 보이지 않는다. 그녀는 딸의 나이와 비슷하다. 장애가 없었다면 내게도 저만한 손주가 있었을 텐데. 서둘러 환상에서 깨어나 딸의 얼굴을 살핀다. 평온해서 다행이다.

병원 마당 건너편에는 장례식장이 있다. 화환이 하얗게 보초를 서고 있다. 연달아 차들이 줄지어 들어온다. 장례식장은 울음소리로 시끄럽고, 환자가 있는 병실은 잠에 취해 조용하다. 마당으로 구급차가 경적을 울리며 들어오고 있다.

관계

 시숙의 입원 절차 중에 보호자 서명란에 관계를 적으라고 했다. 동생이라고 적을까 하다가 제수弟嫂라고 적었더니 병원 관계자가 의아해했다. 부인과 자식은 없느냐고 물었지만, 웃음으로 대답을 대신했다. 결혼은 하지 않았고, 시부모님은 돌아가셨으니 직계가족이 형제밖에 없었기 때문이었다.
 시숙이 젊었을 때 기차를 타고 여행하다가 선로 밖으로 떨어지는 사고가 있었다. 그는 가난한 홀어머니에게 말을 할 수가 없었노라고 회상했다. 당시에 그렇게 심각하게 아프지는 않았단다. 치료 시기를 놓치고 말았던 시숙은 30대부터 조금씩 허리가 구부러졌다. 내가 시집을 갔을 때는 약간 구부정한 자세였다.

장애가 있어도 시숙은 보일러 기술을 익혀 혼자 살기에 불편하지 않을 만큼 돈을 벌었다. 살림살이도 손댈 것 없이 깨끗하고 야무지게 해놓고 살았다. 색시나 있었으면 하고 형제들이 권해 봤지만, 남에게 폐 끼치기 싫다면서 결혼이라는 말을 꺼내지도 못하게 했다. 거친 세월을 혼자 사는 외로움이 오죽했으랴마는 굳이 혼자가 편하다고 했다. 형제들은 자주 찾는 걸로 대신하고자 했지만 살기 바쁘다는 이유로 자주 찾아가지 못하고 살았다.

세월이 지나 나이를 먹으니 허리는 더 구부러지고 이제는 거의 기역자로 굽어져서 땅만 쳐다보고 걷는 형상이 되었다. 웬만해서는 아프다고 하지 않던 사람이었다. 요즘 따라 부쩍 숨이 가쁘다고 했다. 내가 동행을 해서 동네 병원에 가서 X레이를 찍었다. 의사가 사진을 보더니 큰 병원으로 가라고 했다.

대학병원으로 갔지만 가슴 사진부터 난관을 겪었다. 등이 펴지지 않아 CT 기계 안으로 들어갈 수가 없었다. 어렵게 기계는 통과했으나 똑바로 누울 수가 없어서 사진을 찍기 어려웠다. 남들은 간단한 검사가 몇 배나 어렵게 진행됐고, 관계자는 애를 먹었다. 검사 결과는 장애로 굽어진 등의 무게로 폐와 심장에 물이 찼다고 했다. 병은 자꾸 나빠질 것이고, 숨 쉬는 데 도움을 주는 기계를 다는 수밖에 달리 치료할 방법이 없다고 의사가 말했다.

시숙은 한사코 입원을 반대했다. 같이 있어 줄 보호자가 없으니 배려하는 마음에서인 줄 우리는 알고 있었다. 낮에는 내가 있기로 하고, 밤에는 남편이 병실에서 자고 오기로 하고 입원을 결정했다.

입원 절차를 마치고 병실에 들어와 보니 시숙은 몸을 구부려 새우처럼 잠을 자고 있었다. 똑바로 누울 수가 없겠구나 생각하니 왈칵 눈물이 났다. 인기척에 잠이 깬 시숙이 희미하게 웃었다.

"내가 이렇게 된 것하고 제수씨하고 무슨 상관이 있겠어요? 살 만큼 살았으니 이제는 형제들 애먹일 것 없이 가야지요."

말 끝에 묻어있는 습관처럼 드리운 외로움을 보았다.

그는 물만 마실뿐이지 밥 두 숟가락이면 식사가 끝이었다. 그나마 평소보다 잘 먹는 편이었다. 내가 남편에게도 부리지 않던 애교를 떨어가며 달래서 겨우 반 공기를 먹게 했다. 남은 반 공기는 내가 먹었다. 동생도 아닌 것 같고, 아내도 아닌 것 같으니 옆 침대의 아저씨와 어떤 관계냐고 또 물어왔다.

다행이다

　몇 년 전 사고로 경추를 다친 동생은 지체 장애 1급이다. 지체 장애 1급이라 함은 혼자서는 보행과 생활이 힘들다는 뜻이다. 다치기 전, 부모님에게는 다른 집의 열 아들 부럽지 않은 듬직한 장남이었다. 그는 책임감 있고, 긍정적이며, 밝은 성품이었다.

　재활병원에서 퇴원하는 날, 삶의 의욕도 웃음도 잃어버린 동생은 부모님 가슴에 커다란 대못을 박아놓았다며 펑펑 울었다. 맏아들에게 의지하던 부모님은 동생이 다치고 나서부터 친정에 무슨 일이 생기면 맏딸인 내게 가장 먼저 전화했다. 그것이 동생에게는 또 마음의 빚이었다. 그래도 누나가 있어 다행이라면서 웃었지만, 그것이 비명인 줄 눈치채지 못했다. 이제는 장애를 받아들인 줄로만 알았다.

　설상가상으로 올케의 건강검진에 이상이 생겼다. 대장암이라 수술을 받아야 한다고 했다. 동생의 머릿속엔 삶에 대한 절망과 그래도 살아야 한다는 책임감이 줄다리기했을 것이다. 며칠을 굶고 잠도 자지 않더니 "내가 죽일 놈이다. 경찰이 드디어 나를 잡으러 왔다." 고 하면서 헛소리를 해대기 시작했다.

　정신신경과 병동, 병실에 들어서니 웅크리고 앉아 있는 동생이 눈에 들어왔다. 동생의 얼굴은 무엇을 생각하고 있는지 표정이 일그러져 있었다. 환청이 들리는지 혼잣말로 묻고 대답하기를 반복했다.

　조용히 침대 머리맡에 앉았다. 아침에 온 밥상이 그대로 놓여있었다. 동생이 갑자기 눈동자를 빠르게 움직이더니 침대 모서리를 무섭게 움켜쥐었다. 안간힘을 다하여 두 손으로 움켜잡고는 나를 올려다봤다.

　"누부야, 내가 이렇게 꽉 잡고 있으면 경찰이 못 잡아 가겠제?"

　몸을 동그랗게 말아 대롱대롱 매달렸다. 그리고 불안한 눈으로 사방을 두리번거렸다. 이렇게까지 무너진 동생을 보자니 내 마음도 천 길 낭떠러지에 서 있는 것만 같았다.

　침대를 움켜잡은 동생의 손을 조심스럽게 풀었다. 비 맞은 풀잎처럼 심하게 떨고 있었다. 그 심정을 내가 모를까. 가슴이 송곳으로 찌르는 듯 아파왔다. 마른 입술을 달싹거려 작은 소리로 고맙다는 말을 몇 번이나 하더니 동생의 눈에서 뜨거운 눈물이 까칠한 볼을 타고 쉴 새 없이 흘러내렸다.

무겁다고 생각하면 한없이 무거운 것이 삶이고, 내려놓기로 작정하면 한없이 가벼운 게 삶이기도 하다. 이것도 저것도 선택할 수 없다고 생각한 동생은 하루에도 몇 번씩 현실과 꿈속을 오가는 듯했다.

며칠을 씻지도 않고 먹지도 않던 동생이 씻어야겠다고 의욕을 보였다. 동생을 휠체어에 태워 샤워실로 데리고 갔다. 씻기에 필요한 최소한의 용품이 여기저기 어지럽게 흩어져 있었다. 동생의 빈 마음을 보는 듯하였다. 눈물이 났다. 들키지 않으려고 샤워기를 틀어 먼저 내 얼굴부터 적셨다.

샤워를 마친 동생은 내 손을 잡고 나지막이 말했다.

"고맙다, 누부야! 누부야가 있어서 참 다행이다."

"나도 네가 있어 참 다행이야!"

병실에는 힘겹게 날갯짓하는 파랑새 한 마리가 날아들고 있었다.

문 밖에서

수술실 문밖을 서성인다. 으슬으슬 한기가 느껴져 계단을 오르내리며 한기를 털어낸다. 수술을 받는 사람은 주간 활동 지원센터의 직원으로 지적 장애우들의 활동을 도와주는 활동지원사이다.

그녀는 자전거를 타다가 넘어져 어깨뼈가 부서진 상태이다. 남편과 사별하고 대구에는 일가친척도 없다. 하나밖에 없는 아들은 군 복무 중이다. 코로나로 외출과 외박이 불가하여서 혼자 119를 타고 병원으로 왔단다. 보호자 없이 혼자서 수술 동의서에 사인하고, 수술해야 한다면서 씩씩하게 말한다. 내가 보호자가 돼 주겠다고 했다. 그 마음을 어찌 헤아리지 못할까.

나의 기억에 아직도 선명한 예전의 경험이 마음 한편에 자리

하고 있기 때문이다. 수술실 문밖에서 누군가가 나를 기다리는 사람이 있다는 건 커다란 위안이다. 내가 기다리고 있을 테니 걱정하지 말고 한숨 푹 자고 나오라며 수술실 문안으로 그녀를 들여보냈다.

30년 전 갑상샘암 선고를 받았다. 수술하는 날이었다. 말이 나오지 않을 만큼 온몸에 한기가 들더니 삶에 대한 희망의 끈을 놓고 싶었다. 죽을 수도 있다는 두려움과 암과 싸우며 살아야 할 두려움이 교차했다. 내가 없는 세상에 남겨질 아이들 생각에 소나기를 맞은 듯 눈물이 온몸을 적시고 있었다.

딱딱한 침대는 중앙 수술실 문 앞에 멈췄다. 수술실 문이 열릴 때까지 문밖의 풍경을 아프도록 눈에 넣었다. 그것은 내가 다시 이 문밖으로 나올 수 있을까 하는 두려움이었다. 두려워하지 말고 한숨자고 나면 괜찮아질 거라는 간호사의 말을 뒤로 하고 깊은 잠 속으로 빠져들었었다.

그녀의 수술은 예정된 시간을 초과하여 끝났다. 몽롱한 상태의 그녀가 수술실 문밖으로 실려 나왔다. 정신을 차리려고 안간힘을 쓰는 모습에 가슴이 저릿했다. 기다려줘서 고맙다는 한마디에 물기가 스며있다. 의식이 회복되는 것을 확인하고 집으로 돌아왔다.

무음으로 해놓은 전화기를 들여다본다. 그녀에게서 고맙다는 메시지가 들어와 있다. 문밖에 있던 나는 수술이 잘 끝나서 고맙다는 답장을 보낸다.

토닥토닥

외할머니의 중매로 만난 남자와 결혼했다. 남편은 모아놓은 재산이 한 푼도 없는 회사원이었다. 생활비가 모자라면 월급을 미리 당겨서 써야 할 만큼 가난하게 신혼생활을 했다.

그동안 아이 둘이 태어나면서 아무리 절약해도 삼시세끼가 해결되지 않았다. 이래서는 안 되겠다 싶어서 회사를 그만두게 하고 조그만 가게를 얻어서 장사를 시작했다. 솜을 제조해서 이불 가게에 넘기는 장사였다. 돈은 벌면 되고, 써야 생긴다는 남편의 생각은 언제나 물가에 내놓은 아이처럼 불안했다.

목돈이 생기면 그 돈으로 낚시를 가서 몇 날 밤을 새우고, 남자들만의 오락도 서슴지 않고 즐겼다. 큰애는 장애가 있어 힘들었고, 남편 관리도 만만찮았다. 가게에 붙어있지 않으니 가게 일에 내가 나서지 않을 수 없게 되었다. 특수학교에 보낸 아이의 하교 시간에 맞춰 작은 승용차에 솜을 한가득 싣고 시장에 있는 이불집으로 배달을 다녔다. 하다 보니 가게 일이 전부 내 몫이 되어 버렸다.

  어렵게 모은 돈으로 내 집이 생기던 날, 그날은 내 생애 있어서 제일 허무하고 기뻤던 날로 기억된다. 낚시터에 가 있는 남편에게 계약하러 가야 한다고 연락을 했다. 그러나 남편은 의도적으로 오지 않았다. 세를 살아도 편한데 대출금 때문에 허리띠 졸라매가며 살아야 하는 자체가 싫다는 것이었다. 남편이 오지 않으면 그냥 내 소유로 해도 되는 일이었지만 왜 꼭 남편의 소유로 해야 했는지 지금 생각해봐도 모를 일이었다.

  반면, 기쁜 날도 많았다. 대학을 졸업한 둘째 딸아이의 임용시험 합격, 그 애가 결혼하던 날, 그리고 첫 손주를 낳아 안겨준 일, 장애가 있는 큰딸애도 신체적으로 건강하니 그래도 감사하자며 내려놓은 세월, 이제 세끼 밥 굶을 걱정 없고, 크게 아프지만 않으면 큰돈이 필요 없는 나이가 되었다.

  작은딸은 엄마의 품위 유지비라며 매달 큰 액수의 용돈을 준다. 시어머니에게도 똑같이 하고 있다고 부담가지지 말라 하니 고마운 일이다. 큰딸애는 아직 내가 건강하여 돌봐주면 되니 이 얼마나 소소하지만 행복한 일인가. 인간의 욕심은 편해서 시작하는지 모른다.

　이만하면 잘 살았다고 생각하던 마음에 반전이 생겼다. 코로나에 걸려 자가격리에 이어 친정어머니의 병시중, 나의 병원 입원 등으로 매사에 긍정적으로 생각하던 것은 어디로 가고 늘어진 마음에 힘이 빠져 버렸다. 입맛도 없고, 모든 일들이 시들해졌다. 손가락도 까딱하고 싶지 않았다. 아등바등 살아온 지난날들이 무의미해졌다.

　맏이라는 책임감으로 나를 돌아볼 새도 없이 살았던 세월, 살면서 힘이 빠질 때마다 용케도 잘 누르고 살았다 싶었는데 균형을 잃은 마음은 돌아오지 않았다. 우울한 생각은 내게서 떠날 기미가 보이지 않았다. 병원에도 가 볼까 생각했지만, 이것은 약이 해결할 성질의 것이 아니라는 결론을 지었다.

　앞만 보며 살았고, 숨이 차도 당연하다고 생각했다. 내가 아니면 안 된다는 생각만 하고, 달리는 말에 채찍만 휘두르고 살았다. 한 번도 나를 끌어 안고 토닥거리지 못했다. 나는 그렇게 살아야 하는 줄만 알았다. 이만하면 잘 살았다고 이제 내 마음에 당근을 주고 싶다. 어색하지만 처음으로 내 마음을 토닥이며 사랑한다고 말해본다.

다영이

 복지관에서 장애인 부모교육이 있었다. 지적장애인 부모들과 장애인 관련 전문 강사를 모시고, 인권에 관한 질의응답을 하는 프로그램이었다. 강사는 장애인도 인권이 있고, 결혼해서 자식 낳을 권리가 있다고 했다. 이론적으로는 모두 맞는 말이지만, 지적장애 자식을 키워보고 이런 말을 하냐며 어떤 부모가 노발대발했다. 자기 앞가림은커녕 샤워도 할 수 없어 부모가 씻어줘야 하는 지적장애인이 결혼해서 아이를 낳는다면 그 자식까지 부모가 감당해야 하는 현실이다. 사정을 전혀 고려하지 않고, 부모들이 자식의 앞길을 막으면 안 된다는 강사의 이론은 부모들의 반감을 사고 있었다.

 우리도 아이를 결혼시켜서 자식을 낳으라 하고 싶다. 어떤 부모가 자식의 앞길을 막겠는가. 나도 강의를 들으면서 책 읽듯 하는 강사의 태도가 마음에 차지 않았다. 시간 낭비다 싶어 중간에 나가는 사람들도 있었다. 결국 몇 명 남지 않은 부모들을 상대로 시간만 끌다가 강의는 끝이 났다. 그 이후로는 부모 교육을 지칭하는 강의는 호응을 얻지 못하였다.

장애인 복지관을 이용하고 있는 가족이 있다. 올해 다섯 살이 된 다영이네 가족이다. 다영이 아빠는 지적장애인이다. 뇌에 문제가 있어서 중심을 잃고 자주 쓰러진다. 복지관 재활 프로그램에 참여해서 운동하고 있다. 아이는 아빠가 넘어질까 봐 항상 뒤를 따라다닌다. 아빠에게서 눈을 떼지 않는 영특한 아이다. 아빠가 쓰러질 것 같으면 할머니에게 재빨리 일러준다. 다영이 아빠는 항상 머리에 헬멧을 쓰고 있다. 넘어질 때 충격을 완화하려는 조치이다.

다영이네 가족은 할아버지, 할머니 아빠와 네 식구이다. 아이의 얼굴에는 항상 미소가 끊이질 않는다. 가족의 사랑을 충분히 받고 있다는 증거이다. 애 아빠는 할머니가 보살펴 주지 않으면 스스로 아무것도 할 수 없다. 그렇지만 딸을 바라보는 눈은 여느 아빠와 다름없다. 내게 이렇게 예쁜 딸이 있다는 걸 대놓고 자랑하며 다닌다. 나는 부럽다기보다는 말로 표현할 수 없는 묘한 감정이 앞선다.

노인이 지적장애 자식을 돌보는 것도 힘든 일인데 거기다가 2세까지 키운다는 건 감히 상상이 가지 않는 일이다. 지금은 할머니 할아버지가 있어서 괜찮을지 모르지만, 아이의 미래는 또 어쩔 것인가. 어쩌면 우리가 생각하는 것처럼 핑크빛이 아닐 수도 있다. 물론 아이가 커서도 본인이 행복하다고 느끼면 문제가 되지 않는다.

또 하나는 조부모님이 아이가 클 때까지 살아있지 못한다는 것이다. 장애 부모를 지키며 살아가는 일이 만만한 일이 아니다. 가족이 아니면 알 수 없는 많은 어려움이 기다리고 있다. 너무 절망적으로 얘기하는 것이 아닌지 모르겠지만 현실에서 일어날 수 있는 일이다. 그러므로 장애 자식을 가진 부모들은 자식의 결혼을 찬성할 수만도 없는 입장이다. 장애 자식을 키워보지 않고 왈가왈부하는 건 삼가야 한다.

관건은 부모들이 죽은 후에 남겨질 자식들의 미래다. 가슴 아픈 일이지만 답이 없다. 가족이라도 있어야 보살핌을 받는다고 생각하지만 아이는 그렇지 않을 수도 있다. 세상에서 받을 상처와 책임감이 아이의 미래를 보장할 수 없는 일이기 때문이다. 이것은 단지 나만의 문제가 아닌 장애 자식을 가진 부모들의 공통적인 고민이며 숙제이다.

어른들의 고민이 어떤 것인지 알지 못하는 다영이는 아빠 뒤를 따라다니며 햇살처럼 웃는다. 아이의 미래도 오늘처럼 밝았으면 좋겠다. 내가 떠나면 아무도 곁에 있어 줄 사람이 없는 쓸쓸한 내 아이의 미래를 생각해 본다. 남의 아이 걱정할 처지가 아니지만, 아직은 대책 없는 캄캄한 터널 속에 있을 뿐이다.

새가 울었다

"삐~익, 삐~이익!"

어디서 날아왔는지 새 한 마리가 울고 있다. 우리 집은 도로만 건너면 산이라서 새소리를 수시로 듣는다. 그런데 지금 우는 새소리는 흔히 듣던 소리가 아니다. 담장 위에 앉아서 우리 집 마당을 내려다보며 우는 소리가 듣기에 애절하다. 두리번거리기도 하고, 마당을 내려다보는 듯하다가 무언가를 찾는 것 같은 모습이 새끼들을 찾는 게 아닌가 싶다. 아마 먹이를 구해 오는 동안 새끼들에게 무슨 변고가 생긴 모양이다.

새는 인기척이 나면 잠시 날아올랐다가 또다시 같은 자리로 돌아와서 사방을 두리번거린다. 새끼들이 둥지에서 떨어져서 우리 집 마당으로 추락했나? 길고양이의 먹이가 됐나? 어디에서도 새끼의 흔적은 보이지 않는다. 온종일 새끼를 부르고 있는 새를 보면서 오랜 세월 까맣게 잊고 살았던 할머니의 모습을 보았다.

우리 집 앞에는 긴 하천이 있었고, 그곳을 가로질러 시멘트로 만들어 놓은 다리가 있었다. 시장과 목욕탕은 다리건너 있었고, 버스정거장도 다리 건너 있었다. 다리는 시골과 도시를 이어주는 통로나 마찬가지였다. 도로가 거의 비포장도로여서 버스가 한 대 지나가면 황토 먼지가 버스 꽁무니를 따라붙던 시절이었다. 울퉁불퉁한 자갈길에 엉덩이를 실룩거리며 버스가 떠나고 나면 먼지가 내려앉았다. 그 후에야 내리는 사람들의 얼굴이 시야에 들어오는 그곳에 할머니는 언제나 정물처럼 앉아 있었다.

할머니는 사계절 내내 똑같은 장소에 앉아서 먼지를 뒤집어 쓰고 저녁 무렵에서야 집으로 돌아왔다. 버스정류장에서 종일 삼촌을 기다린다는 사실을 나는 모르고 있었다. 후에 아버지를 통해 이야기를 들었다.

유복자로 태어난 삼촌은 동네에서 신동이라 불릴 만큼 공부를 잘했다. K대학교 법대 정치과에 입학했다. 대학을 우수한 성적으로 졸업한 삼촌은 두 번의 고시 낙방을 계기로 온다간다 말도 없이 행적을 감추었다.

그날 이후로 할머니의 시선은 길 건너 버스정류장에 박혀버렸다. 큰비나 눈이 오지 않는 한 거의 매일 그곳에서 아들을 기다리는 것이 일상이 되어버렸다. 아버지가 말리면 할머니는 자리에 드러누워 곡기를 끊었다.

걸인을 데리고 오는 날도 허다했다. 한 푼 쥐어주면 될 것을 굳이 집까지 데려오는 것은 아마도 삼촌의 얼굴이 겹쳐서가 아니었을까 싶다. 상 차려서 물까지 챙겨 먹여 보내고 나면 그날은 그걸로 대신하고 밖에 나가지는 않았다.

그랬던 할머니의 건강이 좋지 않다는 건 동선이 짧아진 것만으로도 알 수가 있었다. 주 무대가 버스정류장에서 다리로 바뀌었다. 언제나 할머니를 집으로 모셔 오는 일은 맏이인 내게 맡겨졌다. 결혼도 하지 않은 내가 자식이 뭔지 기다림이 뭔지 알 리가 만무했다. 삼촌은 왜 집을 나가서 이렇게 여러 사람 고생시키는지 모르겠다며 짜증을 내곤 했다.

할머니의 일상은 밥을 먹고 자는 것 외에는 거의 다리 위에서 살다시피 했다. 한여름 뜨거운 햇빛에 얼굴이 새까맣게 타도, 엄동설한 하천에 얼음이 꽁꽁 얼어도 아들을 기다리는 마음만은 계절이 없었다. 언제나 그 자리를 떠날 줄을 몰랐다. 그토록 기다렸지만, 모자 상봉은 이루어지지 않았고, 결국은 다리 위에서 쓰러져 자리에 누운 지 사흘만에 돌아가셨다. 뒤늦게 집으로 돌아온 삼촌은 통곡하였지만, 할머니는 돌아올 수 없는 강을 건넌 뒤였다.

    나도 결혼하고 자식을 낳아보니 할머니의 마음을 이제 알겠다. 먼 기억 속의 할머니처럼 저 새도 오늘 불덩이 하나 가슴에 달았을 것이다. 온종일 애타게 울던 새는 어둠이 마당 깊숙이 내려앉자 긴 울음을 달고 어디론가 사라져 버렸다.

매화같은 친구

　매화가 꽃망울을 터트렸다. 그윽한 향기가 코끝을 자극한다. 겨울이 가고 봄이 온다는 신호이기도 하다. 한파를 견뎌내고 꽃을 피운 매화가 대견스럽다. 매화는 내가 가장 좋아하는 꽃이다.
　햇살이 따뜻한 겨울의 끝자락, 친구를 만나러 가는 내 마음이 설렌다. 우리는 동병상련의 장애인 자식을 둔 오랜 친구다. 장애인 복지관 보호작업장에 아이들을 출퇴근시키면서 만난 사이다.
　우리는 아이를 복지관에 출근시키고 함께 시간을 보내며 아이와 같이 퇴근했다. 생활실습실에서 장애우들과 같이 만두를 만들어 먹고, 라면을 삶아 먹기도 했다. 아이들이 할 수 없는 일에는 항상 우리가 나서서 대신하곤 했다. 일탈을 꾀하는 아이가 있으면 복지관 밖으로 찾아다니기도 하고, 거의 하루를 같이 살다시피 했다. 고민을 털어놓고 넋두리도 하면서 힘을 실어주기도 하고, 잘못된 일에는 나무라기도 했다. 강산이 세 번이나 바뀔 동안 형제처럼 지낸 친구가 갑자기 병을 얻었다.

그녀는 교직에 있다가 아이의 양육을 위해 사표를 내고, 대학원에서 심리학을 전공했다. 장애 아들이 다니는 복지관에서 상담도 해 주고, 일반 학교로 출장 가서 성교육도 했다. 바쁘게 뛰어다니다 보니 자기 몸을 관리하지 못했다. 결국 뇌출혈로 쓰러져 세 번의 수술을 받았다. 정신은 깨어났지만 전신마비가 되었다. 삼 년이란 긴 세월 동안 재활치료를 하다가 이제 퇴원했다.

그녀를 만나러 가면서 어떤 말로 위로 해야 할지 고민이 됐다. "한쪽 팔이 불편하면 어떻고, 다리를 절면 어때? 살아 있어 줘서 고맙다고 할까?" 아무리 생각해봐도 마땅한 말을 찾지 못하고, 그녀의 집에 도착했다. 그런데 생각보다 친구의 상태가 좋았다. 두 팔과 다리도 멀쩡하고, 인지력에도 문제가 없었다. 버티고 있다며 말하는 그녀의 눈에 반짝거리며 물기가 비쳤다. 길고 추운 터널을 지나온 흔적이 수척해진 몸에서 느껴졌다.

그녀가 일어날 수밖에 없었던 이유가 있었다. 자신이 아니면 아무것도 할 수 없는 장애 자식을 두고 죽을 수가 없었다. 경제적인 문제도 있었다. 매달 몇 백만 원씩 들어가는 병원비는 시집간 딸이 내주고 있었다. 기약 없는 병원비와 간병비에 움직이지 않는 몸을 이끌고 모두 잠든 캄캄한 밤에 혼자 배변 연습을 했단다. 바닥에서 떨어지지 않는 발을 수천 번 들어 올리며 죽기 살기로 매달린 재활 의지가 그녀를 오뚝이처럼 일어서게 하는 기적을 일으켰다.

더 놀라운 것은 아들에게서도 작은 기적이 일어났다. 아무것도 할 줄 모른다고 생각했던 아들이 엄마 신발도 신겨주고, 운동할 때 팔도 잡아 준단다. 제일 감동인 것은 라면까지 끓여준단다. 상상도 하지 못했던 아들의 보살핌이 그저 꿈만 같다고 눈시울을 붉혔다. 지금이 내 생애 있어서 제일 행복하다 했다. 자그마한 행복에 크게 감동하는 친구의 모습에서 향기가 났다. 나도 덩달아 행복지수가 올랐다. 예전처럼 수다도 떨면서 저녁을 먹고 다음을 기약하며 헤어졌다.

긴 겨울을 이겨내고 꽃을 피운 매화 같은 친구야. 고맙고 장하다.

다문화 결혼

 지인 아들의 결혼식장이다. 예식 시간이 아직 조금 남아있기에 신부대기실을 기웃거렸다. 의자에 앉아있는 신부가 눈에 들어왔다. 청첩장에서 이름을 보고 짐작은 했었지만, 얼굴색이 까만 캄보디아 아가씨였다. 나와 눈이 마주치자 커다란 눈망울로 어색하게 웃었다. 하얀 드레스가 까만 얼굴과 묘한 조화를 이루며 어색하게 눈에 들어왔다.
 식이 시작되자 신부 아버지가 신랑에게 신부의 손을 건네주었다. 머나먼 타국의 남자에게 딸을 보내는 신부의 아버지는 어떤 마음일까? 이날따라 주례사가 길게 느껴졌다. 주례사가 끝났는데도 한국말을 알 리 없는 신부는 멀뚱하게 서 있었다. 신랑이 신부에게 귓속말로 뭐라고 하자 그제야 간신히 고개를 끄덕였다. 신부가 알아듣지 못한 주례사에 하객들이 응원의 박수를 보냈다. 머나먼 타국으로 시집온 신부가 언어의 벽을 느끼는 순간이었다.

삼국유사 가락국기에 따르면 우리나라의 최초의 공식적인 국제결혼 커플은 김해김씨의 시조인 가락국 김수로왕과 인도 아유타국의 공주인 허황옥의 결혼이다. 이들이 우리나라 최초의 다문화 가정인 셈이다. 이천 년 전, 이들도 언어의 장벽이 있었으리라. 그래도 우리나라에서 가장 많은 자손을 남기지 않았던가.

최근 결혼하는 부부 열 쌍 중 한 쌍은 다문화 가정이라고 한다. 하지만 혈통을 중요시하는 우리나라의 문화가 남아 있기에 사람들의 편견은 나아지지 않고 있음도 사실이다.

신랑의 어머니는 식을 끝내고 식당으로 내려와서도 못마땅한 얼굴을 숨기지 못했다. 다문화 가정을 이룬 아들이 창피스럽다고 노골적으로 표현했다. 남의 일이라 그렇지 내 자식 일이라면 나 역시도 이런 경우에 한 번의 갈등 없이 받아들일 수 있을까? 비혼주의가 늘어나고 있는 현실이다. 그래도 결혼해서 자손을 남기면 애국자요, 효자라고 주위 사람들이 위로했다. 그제야 신랑의 어머니는 웃어 보였다.

제3부

지금 중요한 것

바람이 쌩하며 불어온다. 새봄을 기다리는 나무들이 미련 없이 잎을 떨어뜨리고 있다. 길 옆 산책길에 철없는 개나리가 성급하게 고개를 내밀고 있다. 날씨가 따뜻해서 봄인 줄 알았나 보다. 모두 저마다의 해야 할 일에 열중이다. 지금 중요한 것은 모두가 살아 있다는 것이다.

- 사과 축제
- 하회별신굿을 배우다
- 노래
- 제주도 기행
- 한밤중의 바보짓
- 애견시대
- 목구멍이 죄
- 있을 때 잘해
- 원 플러스 원
- 지금 중요한 것

사과 축제

 장애인 복지관에서 사과 축제를 보러 문경에 왔다. 인파로 빼곡한 주차장에는 먼지도 한몫을 했다. 동행한 부모들은 아이를 잃어버릴까봐 손을 꼭꼭 붙잡았다. 일행은 조를 형성하여 느린 걸음으로 곳곳의 행사를 구경했다. 일렬로 늘어선 상점에서는 사과를 홍보하고 있었다. 시식으로 깎아 놓은 사과를 맛보면서 어릴 적 사과의 기억을 더듬어 보았다.
 사과는 2천년 전부터 재배했으며, 전 세계적으로 약 7,500여 개의 종류가 있다고 한다. 우리나라에는 외국선교사들이 1880년대에 들여왔고, 대구가 사과의 고장으로 알려져 있다. 예전 대구 동산병원 선교사들이 심어놓은 사과나무들이 있어 대구가 사과의 고장이라는 사실을 입증할 뿐, 지금은 안동, 영주로 북상해서 사과의 고장 대구에는 사과가 나지 않는다.

　내가 초등학생 때, 우리 동네에 조그마한 구멍가게가 있었다. 가게에는 사과가 매일 한 소쿠리씩 담겨 있었다. 흠집이 없는 사과였다면 기억에 남지 않았을 것이다. 썩은 부위를 칼로 파낸 상처 난 홍옥이었다. 가난한 판자촌이 대부분인 우리 동네에 그나마 썩은 사과도 인기였다. 양이 많고 값이 저렴했기 때문이다. 상처가 난 사과는 삭아서 기가 막히게 맛있었다. 지금 떠올려도 새콤달콤한 맛이 생각나 입에 침이 고인다. 나는 그때 먹었던 썩은 사과가 이 세상에서 제일 맛있는 사과라고 말하고 싶다.

　그 시절, 내가 알고 있었던 사과의 종류는 그리 많지 않았다. 국광과 홍옥, 스타킹과 인도, 부사 그 정도로만 기억하고 있다. 국광은 껍질이 두껍고 맛은 없었지만, 간식거리가 없는 우리에게 그나마 꿀맛이었다. 익지 않은 국광은 시고 떫어서 삶아 먹은 기억도 있다. 홍옥은 시고 단맛이 강해서 임산부들이 즐겨 먹었다. 옷자락에 쓱쓱 문지르면 반짝반짝 윤이 나고 빨간색이 더 선명해졌다. 스타킹 사과는 약간 노란 빛을 띠고 있다. 점같은 것들이 많이 박혀 있었고, 신맛은 없고 단맛이 강했다. 부사는 일본에서 건너온 품종으로 일본식 이름으로 후지라고도 한다. 부사와 스타킹과 인도는 당도가 높고 식감이 좋은 품종이었지만 가격이 너무 비싸 서민층에서는 언감생심이었다.

사과에는 피토케미컬이라는 성분이 있어 암 유발을 억제하고 예방에도 효과가 있다고 한다. 그리고 칼륨 성분과 비타민 C와 항산화 물질이 있어 혈액순환에도 도움이 된다고 한다. 요즘엔 당도가 높은 양광과 홍로라고 하는 품종이 대세다. 내가 봐서는 양광인지 홍로인지 구별할 수는 없지만, 맛은 차이가 있었다. 양광이 훨씬 당도가 높았다. 지금은 신맛은 거의 없고, 당도가 높은 사과를 재배하여 홍옥과 국광은 거의 찾아볼 수가 없다. 흔히 꿀사과라고 하는 사과 속에 꿀처럼 달콤한 부분이 있는데 그것은 수확이 늦어진 장애 사과의 일종이라고 한다. 나는 사과에 꿀 같은 게 들어 있어서 맛있는 꿀사과라고 하는 줄 알았다.

일행은 드라마 세트장도 구경하고, 예정된 장소에 모였다. 그곳에서 아이들을 위한 이벤트에 참여해서 선물도 받고 사과도 샀다. 집으로 돌아오는 버스 안에서 제일 먼저 탄 동욱이가 사과 상자를 끌어안고 있었다. 동욱이는 우리 아이 중에 제일 똑똑한 친구이다. 그래서 모든 행사에 보호자 없이 혼자 참석한다.

"기특한 놈일세. 어머니께 선물할 거니?"

"아니요? 제가 먹을 건데요."

예상을 뒤엎는 대답에 버스 인은 사과꽃이 아닌 웃음꽃이 활짝 피었다.

하회별신굿을 배우다

　아이가 속해 있는 단체에서 하계프로그램 공문을 보내왔다. 이번 일정은 안동하회별신굿탈놀이다. 우리는 하회탈춤을 배우려고 일박 이일 여정으로 안동에 갔다.
　우리나라에는 총 13개의 탈놀이가 있다. 안동하회탈춤은 고려시대의 탈놀이로 800년이란 긴 역사를 지니고 있다. 10년마다 재앙을 물리치기 위해 탈을 쓰고 액을 막는 풍습이라고 한다. 우리가 배워야 할 춤은 인간문화재로 선정된 선생님이 지도를 맡았다.
　선생님은 탈춤을 추기 위한 기본동작인 걸음걸이부터 가르쳤다. 잔걸음, 긴걸음, 중걸음으로 굿거리장단에 맞춰서 손끝

발끝에 신경을 써야 했다. 보기에는 쉬워 보였지만 막상 따라 하려니 여간 어려운 게 아니었다. 해학적인 춤사위도 있었다. 배우면서 웃다 보니 어느새 점심시간이 되었다.

점심을 먹고 안동하회별신굿 현장으로 이동했다. 커다란 나무 대문을 들어서니 둥그런 마당에 계단식으로 된 자리가 있었다. 은박지로 된 깔개를 하나씩 얻어서 자리 잡았다. 안동하회별신굿을 처음 관람하는 것은 아니다. 몇 번 보았지만 지금처럼 마음을 쏟아 경험하기는 처음이다. 비가 온 끝이라 덥지도 않고, 햇빛도 없어서 관람하기에는 최적의 상태였다.

안동하회탈은 국보 제121호로 지정되었다. 계승자는 1928년 마지막 별신굿 때 각시역을 맡은 고故 이창희 씨로(1913~1996) 10년에 한 번씩 마을의 액을 물리치려고 하던 액막이굿이었다고 한다.

하회탈춤 현장에서 배우들이 하는 연기를 보고 돌아와서 우리가 맡을 배역을 지정받았다. 걸음걸이와 몸동작을 가르치려 이매역을 맡은 선생님이 오셨다. 이매는 바보역이다. 입을 크게 벌리고 한쪽 손을 늘어뜨린 채 비틀거리는 걸음걸이지만 끝까지 넘어지지 않는 천재 같은 바보였다.

우리 팀이 여섯째 마당인 양반과 선비 마당을 연기할 순서였다. 원래의 목적은 아이들과 어른들이 합심해서 연극을 하려고 계획했다. 그러나 대본을 읽고 대사를 해야 하는 부분이 어려워서 아이들을 빼고 하기로 했다. 아이들은 사물놀이 장단으로 추임새만 넣는 것으로 결정했다.

양반이 느린 팔자걸음으로 등장했다. 이어 선비도 나타났다. 선비를 맡은 이의 걸음걸이가 어색해서 모두 주저앉아 웃었다. 우리 부모만의 스트레스 해소법은 벌어진 상황보다 더 크게 웃는 것이다. 이럴 때가 아니면 웃을 일이 거의 없기 때문이다. 그 모습을 바라보던 선생님도 어쩔 수 없이 같이 웃었다. 양반역을 맡은 엄마는 재주꾼이었다. 그녀는 별 무리 없이 양반역을 소화했다. 요란한 추임새의 장단이 멈추면 초랭이가 등장하여 양반과 선비를 곯려 주었다.

내가 맡은 역은 부네였다. 엉덩이를 살랑거리며 양반과 선비 사이를 왔다 갔다 하면서 춤을 춘다. 엉덩이를 흔들며 끼를 부리는 데만 열중하고 대사는 없다. 넉살 없는 내게는 대사보다 끼를 부리는 역할이 더 어려웠다. 할미역을 맡은 이는 꼬부랑 할미역이 잘 되지 않는 모양새였다. 엉거주춤한 동작으로 선생님의 지적을 많이 받았다. 이매는 너무 어려운 캐릭터라 가르치는 선생님이 대신했다.

이매가 등장할 때는 모든 행동이 세상에서 바보라고 손가락질 당하는 우리의 아이들과 겹쳤다. 눈물 반, 웃음 반, 아무튼 마음을 다해 생전 처음 도전해 보는 연극, 어려운 숙제를 하듯 한 걸음 한 걸음 최선을 다해 배우고자 했다. 하루해가 저물고 캄캄해지도록 일행의 열정은 식을 줄 모르고 영글어갔다.

노래

요즘 나는 혼자 흥얼거리며 노래 부르는 것을 좋아한다. 코로나로 인해 전 국민이 바깥출입을 꺼려할 때 모 방송국에서 트롯 경연대회를 열었다.

TV 리모컨을 만지작거리다가 미스터 트롯이라는 프로그램을 만나게 되었다. 평소에 트롯을 좋아하지 않던 나였다. 처음에는 재미가 없었지만, 귀에 익으니 트롯에 중독되었다. 좋아하지 않는 장르라도 자꾸 듣다 보니 관심이 생긴 것이다.

트롯은 우울했던 나날을 위로하면서 나에게 다가왔다. 방송은 높은 시청률을 기록하면서 다수의 국민이 트롯에 빠지게 만들었다. 내가 응원했던 가수는 O탁이다. 그렇다고 팬클럽 회원에 가입하거나 열성적이지는 않지만, 그 가수의 노래는 무조건 좋아한다. 시기적절하게 트롯이라는 장르가 대다수 국민의 애창곡이 되었다. 우리 세대가 좋아했던 7080 노래는 부르지도 않게 됐다. 방송을 틀면 죄다 트롯 경연대회만 나오고 이제 조금 싫증이 나기도 한다.

집에 들어앉아 TV만 보고 노래를 듣는 것보다는 직접 불러 보기로 하고 노래를 가르쳐 주는 곳을 찾아보기로 했다. 지인의 소개로 힐링캠프란 곳을 알게 됐다. 노래를 좋아하는 딸과 함께 등록하고 기타와 노래를 배우기로 했다. 시적인 가사는 부르기가 어려워서 포기하고 트롯을 불러봤다. 무엇보다 내 안에 꺾기 소질이 있는 줄 처음 알았다. 목소리가 가늘고 고음과 꺾기가 다른 사람보다 월등하다는 말에 용기가 생겼다. 내가 트롯을 부르게 되리라고는 생각도 못했다.

서툴기는 해도 기타를 치며 트롯을 흥얼거리면 그 시간만큼은 세상사 잊어버리고 즐거워졌다. 그래서 힐링이 되는 것 같았다. 산책하면서 박자에 맞춰 부르면 걸음걸이와 딱딱 맞아들어갔다. 어떤 노래는 이별의 가사임에도 불구하고 멜로디가 신나는 것도 있었다.

노래는 말보다 전파력이 있다. 노농요와 타령, 사랑가, 이별가, 망향가 등 여러 종류의 노래가 구전되어서 시절마다 애한을 달래는 역할을 했다. 그리고 간절한 염원을 담아 부르는 노래도 있었다. 조선 19대 왕 숙종 때는 장희빈과 민비의 처지를 비유한 노래 '장다리는 한철이요, 미나리는 사철'이라는 노래가 백성들의 입으로 구전되어 숙종에게까지 전해졌다. 숙종은 백성들의 노랫소리에 귀를 기울여 민비와 장희빈의 인성을 비교하기에 이르렀고, 노랫말처럼 민비는 다시 신분이 복위되어 대궐로 들어갔다. 서동요의 선화공주와 서동도 이와 비슷한 맥락으로 노래의 가사처럼 이루어지지 않았던가.

내가 어릴 때였다. 부엌에서 엄마의 노랫소리가 들렸다. 아주 구성진 타령조였는데 나는 그때 엄마가 노래 부르는 걸 처음으로 들었다. 어린 마음에도 노랫소리가 슬퍼서 엄마의 얼굴을 바라보았다. 엄마는 하염없이 눈물을 흘리고 있었다.

엄마는 신세타령을 노래로 삭이고 있었던 것이었다. 그때는 어려서 이유도 모르고 엄마를 따라 동생들과 펑펑 울어 온 집이 초상집이 돼 버렸다. 당황한 엄마는 그날 이후로 노래를 부르지 않았다. 나는 엄마의 눈물을 보고, 엄마의 처지가 힘들다는 것을 어렴풋이 알게 되었다. 어린 마음에 노래는 즐거워서 부르는 줄만 알았는데 그렇지 않다는 것도 처음으로 알았다.

어렸을 적 들었던 엄마가 지어낸 가사의 타령조가 재구성된다면 기막힌 노래가 될 것이다. 지나간 트롯의 재방송은 오늘도 내 삶을 충전하는 원동력이 된다. 트롯이라는 노래는 힘든 시기를 극복하는데 사회적으로 큰 역할을 하고 있다.

제주도 기행

비행기는 한 시간 남짓 하늘을 날아 제주공항에 우리를 내려놓았다. 아이가 속한 단체가 제주학생문화원에서 열리는 장애인들의 장기자랑에 초대받았다.

바닷속의 섬 제주도가 시원할 줄 예상했지만, 공항입구를 나서자마자 훅 올라오는 더운 열기가 대프리카라고 하는 대구와 다를 게 없었다. 우리는 대기하고 있던 관광버스를 타고 늦은 점심을 먹고 숙소로 향했다. 정해진 코스가 있다고 했지만, 아이들 특성상 위험할 것 같아서 오늘의 일정은 숙소에서 쉬는 걸로 합의했다. 숙소는 구암포구에 있는 동양콘도로 꽤 오래된 건물이었다. 우리는 정해진 방으로 이동해서 짐을 풀고 나른한

여독을 풀었다.

우리 방은 바다를 등지고 있었다. 비릿한 바닷내음 말고는 뷰가 없었다. 밤이 되자 짭짤한 바닷바람이 이방인들의 마음을 흔들어 놓았다. 바닷가에 있는 정자에 올라 제주도의 밤을 즐겼다. 갈치잡이 낚시꾼들의 불빛을 안주 삼아 캔 맥주로 브라보를 외쳤다. 제주도의 첫날밤은 그렇게 깊어 갔다.

다음날 곽지해수욕장으로 갔다. 무더운 날씨 탓에 해수욕장은 텅 비어 있었다. 비단 같은 모래를 밟고 바다를 마주하니 시원한 파도가 손짓했다. 유혹에 못이긴 남자애들은 벌써 물속으로 몸을 던졌다. 엄마들도 파도타기에 정신이 없었다. 한바탕 소란스러운 해수욕이 끝나고 용천수가 나오는 샤워장으로 갔다. 여성 전용 샤워장이지만 엄마의 손길이 필요한 아들들은 함께 들어가야만 했다. 동병상련의 엄마들은 아랑곳하지 않았다.

한 친구의 전화기가 바닷물에 빠졌다. 그토록 아끼던 전화기였는데 잠깐 바다의 유혹에 깜박한 모양이었다. 아이는 자신에게 "괜찮아. 괜찮아"를 외치면서 햇빛에 펼쳐놓은 전화기에서 눈을 떼지 못했다.

할머니와 아빠와 함께 동행한 아이는 다섯 살이라 했다. 앙증맞은 손가락으로 하트를 날리던 예쁜 아이가 나를 오렌지색 할머니라 불렀다. 내가 입은 티셔츠와 스카프가 오렌지색이었기 때문이다. 아이의 아빠는 서른 중반의 나이로 사고를 당한 뇌병변 환자이다. 기억이 뒤돌아가서 어린 딸이 아빠를 보호해야 할 만큼 중증이다. 이 집은 장애우인 아빠보다 딸아이가 더 짠하다. 남의 가족사를 알 수는 없지만 아마도 엄마가 부재중인 것 같았다. 집마다 사연은 있겠지만 우리는 모두 한 가족이 되었다.

비가 오는 관계로 예정된 일정이 취소되고 워터 서커스를 보는 걸로 대신했다. 무대 위에서 분수가 뿜어져 나오는 서커스라서 '워터 서커스'라 했다. 어린아이와 어른들이 번갈아가며 묘기를 보여주었다. 묘기를 펼치는 아이들이 가여워서 보는 동안 마음이 즐겁지만은 않았다.

자연휴양림도 비가 와서 취소되고, 자연사 박물관과 해양종합전시장으로 가서 유리관 속에 있는 어류와 제주의 꽃들을 구경하고 사진을 찍었다.

제주빌레리조트에서 타악기 연주를 강습받았다. 건강한 신체로 힘이 넘칠 것 같은 내 아이는 오른손과 왼손을 교대로 올리지를 못했다. 기대를 했다가 내 아이의 모습을 보고 한숨이 저절로 나왔다.

여행 마지막 날이었다. 전국에 있는 장애우들의 장기자랑이 열렸다. 제주 MBC 아나운서의 사회로 오프닝 무대는 아코디언 연주였다. 악보도 없이 외워서 하는 연주지만 무리 없이 소화하는 아이를 보면서 내 아이의 특기는 뭔가 하고 생각해봤다. 내 아이는 아무리 생각해 봐도 먹는 것 말고는 잘하는 게 없다. 건강한 것으로 만족하자며 마음을 내려놓았다. 그렇지만 재능 있는 아이의 부모가 부러운 건 사실이었다.

  숙소로 돌아왔다. 광란의 밤을 보내자는 일행의 요청으로 저녁을 먹고 우리는 한 방에 모였다. 예측할 수 없는 아이들의 요상스런 춤이 쏟아져 나왔다. 어떤 아이의 말춤은 오늘따라 더욱더 빛을 발한다. 지렛대 역할을 하는 우리 부모들의 숨은 노고와 사랑이 있기에 아이들의 웃음이 더 밝고 우렁차지 않을까 생각하며 제주의 마지막 밤의 축제는 무르익어 가고 있었다.

한밤중의 바보짓

 바퀴벌레로 만든 단백질을 먹기 위해 서로 싸우고 죽이는 영화를 봤다. 미래에는 정말로 그렇게 될 것이라는 설도 있다. 영화를 보고 한동안 몸이 근질거렸다.
 바퀴벌레는 식중독을 유발하며, 습하고 어두운 곳에 서식한다. 우리 인간들에게는 가장 위협적인 곤충에 속한다. 사람들이 움직이지 않는 시간에 은밀하게 움직이며, 음식물을 몰래 훔쳐 먹는 아주 영악한 놈이다.
 암컷 바퀴벌레는 죽을 때 알주머니를 떨어뜨린다. 알주머니를 제거하지 않으면 번식을 막을 수 없다. 주머니에는 삼사십 개의 알이 들어있다. 군집 생활을 하므로 한 마리가 발견되면 많은 숫자가 있다고 봐야 한다. 먹지 않고도 한 달은 살 수 있고, 다리가 잘려도 재생할 수 있다. 독성을 해독하는 유전자를 가진 생명력이 강한 곤충이다. 결코 공생하고 싶지 않은 징그러운 벌레다.

화장실에 가기 위해 거실에 불을 켰다. 화장실 문 앞에 시커먼 것이 엎어져 있었다. 오백원짜리 동전만 한 바퀴벌레였다. 이렇게 커다란 바퀴벌레는 본 적이 없다. 불을 켰더니 바닥에 딱 붙어 행동을 멈추었다. 징그러워서 빨리 사라지길 바랐지만, 한편으로는 잡아 죽여야 하는 생각도 들었다. 커다란 몸통으로 가만히 있는 녀석이 미련해 보이기도 했다. 하지만 이것은 나의 착각이었다.

에라, 모르겠다. 다리를 번쩍 치켜들었다. 정말로 내가 바퀴벌레를 잡으려고 한 것은 아니었다. 위협만 주고 싶었다. 지금 바퀴벌레 한 마리를 잡는다고 우리 집에서 바퀴벌레가 다 없어지는 것도 아닐 것이다. 저도 살기 위함이니 빨리 도망쳐 줬으면 좋겠다. 도망갈 기회도 줄 겸 느릿하게 발을 들고 밟는 시늉을 했다.

그렇지만 도망치지 못해 내 발밑에 찌그러져 있을 바퀴벌레를 상상하니 징그러워서 온몸에 소름이 돋기까지 했다. 어쨌든 발에 쥐가 나도록 한참을 같은 자세로 서 있었다. 조심스레 발을 들었다. 아무것도 없었다. 놈은 이런 나를 지켜보면서 벽틈에서 웃고 있을지도 모를 일이었다.
 자다 일어나서 이 무슨 바보짓인가 해서 한참을 바닥만 바라보고 있었다. 그렇다면 진즉에 도망갈 것이지 한밤중에 나 혼자 생쇼를 한 꼴이 돼 버렸다.

애견시대

인근에 새로 만든 자그마한 공원이 있다. 산책 나온 사람의 절반은 개를 데리고 온다. 유모차에 태워 오는 사람도 있고, 포대기에 업혀 나온 특별한 개도 있다. 다양한 종류의 애견을 보면서 요즘엔 어쩌면 사람보다 개가 더 사랑받고 있다는 생각이 든다.

어느 날, 작은딸이 강아지 한 마리를 입양했다. 나는 도로 갖다주라고 설득했고, 딸애는 한사코 키우겠다고 고집을 피웠다. 한 달만 키워보고 도저히 안 되겠으면 그때 다시 얘기하자며 일단 받아들였다. 검정과 흰색이 섞인 시츄였다. 젖을 뗀 지 얼마 되지 않아 보이는 강아지는 정 붙일 데가 없으니 종일 내 곁에서 떨어지지 않으려 했다. 자식을 둔 엄마로서 애잔한 생각도 들었다.

  한 달은 같이 살아보자고 했으니 어쩔 수 없었다. 대소변 훈련을 시키기 위해 신문지를 방바닥에 깔아주었다. 차츰차츰 화장실로 신문지를 옮겨 용변을 보게 했다. 대소변이 해결되니 키우는 데 별 어려움은 없었다. 둥이라는 이름도 지었다. 운동시키고 목욕도 시키면서 어느새 정이 들어 버렸다. 거의 십 년을 가족처럼 지냈다. 사람과 동물은 분리된 공간에서 살아야 한다는 확실했던 고정관념을 버리는 계기가 됐다.

  작은딸이 결혼해 아이가 태어났다. 첫정이라 매일 아이를 보기 위해 딸네 집에 들렀다. 아무리 예뻐도 강아지가 사람보다 예쁘랴. 강아지에게 쏟던 정을 아이에게 쏟으니 녀석은 내 눈에서 밀려났다. 둥이는 혼자 있는 시간이 많게 되었다. 밥을 주면 거의 빨아들이듯이 하던 녀석이 어느 날부터 밥을 줘도 먹지 않았다. 내가 들어오면 별로 반기는 기색도 없었다. 이러다가 죽을 수도 있겠다는 생각이 들었다. 운동을 시켜보고 간식도 줘 봤지만 먹지 않았다. 소용이 없었다. 나는 그때 개도 우울증에 걸린다는 사실을 알았다.

  사돈은 유기견을 키우고 있었다. 사돈에게 둥이를 시골에 데려가서 키우면 어떻겠냐고 상의했다. 흔쾌히 녀석을 데려갔다. 둥이는 거기서 귀염을 받으며 적응을 잘해서 귀여움을 독차지

했다. 반면에 나는 집에 들어가면 텅 빈 것 같은 허전함과 끝까지 보살피지 못했다는 죄책감이 오래도록 둥이를 생각나게 했다. 사돈집으로 간 둥이는 견 나이로 백 세쯤 살다 하늘나라로 갔다.

요즘, 애견시대의 유행이 정점을 이루고 있다. 개를 운동시키면서 공중도덕을 잘 지키는 사람도 있지만 배설물을 치우지 않는 사람도 있다. 맨발로 걷는 산책길에서 강아지의 배설물이 발에 밟히면 개를 예뻐하는 나도 기분이 나쁘다. 애완견이 주는 생활의 기쁨이 큰 만큼 귀찮은 일 한두 가지쯤은 감수해 줬으면 하는 아쉬운 생각이 든다.

유모차를 탄 강아지를 보며 지나가던 어르신이 한 말씀 던진다.

"개가 사람보다 낫다. 제 부모한테 그 반만 해봐라. 쯧쯧!"

"사람보다 나은 개도 있지 않을까요?"

나는 소심하게 대꾸하며 강아지와 눈맞춤 한다. 강아지가 빤히 쳐다보며 갸우뚱한다.

목구멍이 죄

하동 십리벚꽃길에 눈이 내리는 듯 하얗게 꽃잎이 날리고 있었다. 먼 길을 달려왔더니 배가 출출했다. 금강산도 식후경이라고 하니 꽃 구경은 뒤로 미루고 유명하다는 팥칼국수 집으로 몰려갔다.

자그마한 가게가 갑자기 복잡해졌다. 주인은 난처한 표정을 지어 보이며 많은 인원은 사절한다고 했다. 코로나 여파로 일행 네 명 이상은 받기 어렵다고 했다. 우리는 거의 쫓겨나다시피 식당을 나와야만 했다.

그러나 이미 점심을 칼국수로 정해놓은 이상 다른 음식이 눈에 들어오지 않았다. 여기까지 와서 그냥 간다는 건 말도 안 된다. 쌍계사, 십리벚꽃, 이런 건 안 봐도 상관없었다. 내가 사는 동네에서도 얼마든지 볼 수 있다. 꼭 이 음식만은 포기 못하겠다. 모두 대단한 결심을 한 것처럼 일행은 서로 눈치만 볼뿐, 양보할 생각이 전혀 없었다. 고픈 배를 만지며 잔머리를 굴렸다. 작전이래야 일행이 아닌 듯 몇 명씩 짝지어 식당으로 가자는 것이었다.

네 명씩 짝을 지었다. 번호표를 받아 밖에서 기다리는데 다른 곳에서 온 것처럼 일행 네 명이 또 들어왔다. 지금부터 절대로 아는 척하면 안 된다며 눈짓 몸짓으로만 말을 했다. 식당 대기실 이쪽저쪽으로 흩어진 일행은 주인이 알아챌까 봐 조바심이 났다.

내 평생 식당에서 이렇게 숨죽여 기다려 보기는 처음이었다. 돈을 깎아달라는 것도 아니고, 공짜로 먹으려는 것도 아닌데 시절이 우리의 처지를 을乙로 바꾸어 놓은 기이한 현상이었다. 하지만 이것은 우리의 착각이었다. 주인이 둘러보더니 "혹시 여기 있는 분 모두 일행 아니세요?"라고 했다. 우리는 거사가 들통나서 한꺼번에 죄인이 돼 버렸다.

나이도 많은 사람들이 머리 굴리는 것이 짠했던 모양이었다. 주인이 우리를 구석진 곳으로 안내했다. 죄지은 사람처럼 움츠리고 쫄래쫄래 따라갔다. 우리들의 모습은 흡사 옥에 갇힌 죄수들 같았다. 목구멍으로 넘어가는 음식은 그래도 맛있었다. 이날의 죄는 목구멍이었다.

있을 때 잘해

 손목을 다쳐 깁스를 했다. 왼쪽이라 다행이라고 생각했는데 아니었다. 왼팔의 부재로 일상 생활하는데 불편한 점이 한둘이 아니었다. 왼팔이 밥그릇을 잡아주지 못해 그릇을 엎기도 하고, 병뚜껑을 열지 못해서 포기해야 했다. 발과 다리의 힘을 빌려 안 쓰던 근육을 썼더니 온몸이 두들겨 맞은 듯 아팠다. 신체 부위 모든 것은 자기가 하는 역할이 정해져 있다는 걸 깨닫게 되었다.
 언제나 내게 껌딱지처럼 붙어사는 딸이 마흔을 넘긴 중년이 되었다. 나보다 덩치가 두 배나 커서 버겁다. 일상생활은 내가 도와줘야 하지만, 무거운 짐을 들 때나 밤길을 걸을 때 옆에 있으면 한몫을 톡톡히 한다. 집안일을 할 때도 천방지축이지만 힘을 써야 할 때는 쓸모가 있다. 아이에게 맞춰진 나의 일상이 불편한 점도 있지만 가끔씩 편할 때도 있다.

얼마 전 장애인복지관에서 자원봉사자와 아이가 함께 이박 삼일로 여행가는 프로그램이 생겼다. 자식에게 지친 부모들을 쉬게 하자는 취지에서 만들어졌다. 얼씨구나 좋았다. 아이를 보내고 혼자 있으니 날아갈 것만 같았다. 친구를 만나고 쇼핑도 하면서 즐겁게 하루를 보냈다.

이튿날도 행복할 줄 알았다. 그런데 아니었다. 잘 돌아가던 기계에 나사가 풀려버린 것 같았다. 무슨 조화인지 집중이 되지 않고 시계만 쳐다보게 되었다. 아이가 없는 일탈을 꿈꾸었는데 막상 주어진 시간은 할 일도 없고, 모든 일에 흥미가 없어졌다. 자유가 주어졌는데 자유를 누리지 못하는 것은 무슨 이유일까.

온종일 집안에만 틀어박혀 TV 리모컨만 눌렀다. 흥겨운 가락이 나오는 방송에서 멈췄다. '있을 때 잘해'라는 제목의 성인가요였다. 평소에 좋아하지 않는 장르였지만 많이 들어본 가락이라 흥얼거리며 나도 모르게 따라 부르게 되었다. 입안에서 가사가 맴돌았다.

아이가 돌아오는 날이 되었다. 온종일 시계만 쳐다보면서 초조해했다. 오후가 되자 득달같이 복지관으로 달려갔다. 나만 그랬던 것이 아니었다. 우리는 아이들에게서 벗어날 수 없는 문제의 부모들이었다. 고작 이틀 밖에 지나지 않았는데 남북으로 갈라졌던 이산 가족이 만난 듯, 여기저기 눈물의 상봉이 이루어졌다. 늘 있을 때는 몰랐던 왼팔처럼 아이의 부재가 나에게 주는 영향력이 이렇게 큰 줄 몰랐다.

집으로 오는 길에 마트에 들렀다. 나의 장군이 있어서 무겁게 장을 봤다. 한 쪽씩 맞잡고 오며 아이가 한마디 했다.

"엄마 내가 있어서 좋지요?"

잡은 손에 힘을 주는 아이를 쳐다보며 대답 대신 '있을 때 잘해.'라는 노래를 흥얼거렸다. 지나가던 사람들이 쳐다 보든 말든 상관이 없다. 나보다 더 신이 난 아이는 큰 소리로 노래를 따라 부르며 초저녁 골목길을 부산하게 만들었다.

원 플러스 원

원 플러스 원으로 두 개가 하나로 묶여있는 제품을 샀다. 공짜로 얻은 것 같은 생각에 손끝에 전해지는 묵직한 느낌이 싫지만은 않다. 그렇지만 썩 내키지 않는 마음도 한편에 있다. 붙어있는 제품이 하나가 시원찮아 하나를 더 보탠 듯한 의심이 든다.

어느 날 문득 장애를 가진 아이와 내가 이렇게 힘들게 살려고 이 세상에 태어났나 하는 물음표가 생기기 시작했다. 매일 똑같이 힘들어 지쳐가기 시작했다. 살기가 싫어졌다.

"엄마 배고파요."

이 말에 정신이 번쩍 들었다. 아이를 쳐다봤다. 나는 죽는 것도 마음대로 할 수 없구나. 내가 아니면 아무것도 할 수 없는 아이를 봐서라도 정신을 차리고 비상구를 찾아보자. 고심한 끝에 열 개의 버킷리스트를 만들었다.

열 개의 리스트 중에 첫 번째는 여행을 가는 것으로 정했다. 데리고 다니는 것도 힘에 부치고, 떼어놓고 혼자 가는 것도 힘들어 여행은 꿈도 꾸지 못하고 살았다. 죽기 전에 힘든 것도 한 번 해보고 죽자. 이렇게 결정하고 형편이 같은 자식들을 데리고 여행하는 원플러스 원 팀을 만들었다. 정해 놓고 보니 아이하고 가보고 싶은 곳이 너무 많았다.

어른이 된 자식들을 하나씩 옆구리에 끼고 일행은 동대구역 매표소 앞에 모였다. 장애인복지카드를 내밀며 "원 플러스 원이요."라고 했더니 매표소 직원이 우리 일행을 쳐다보았다. 지적장애인은 보호자와 같이 평일에 50% 할인 요금이 적용된다. 혼자서는 여행을 갈 수 없는 아이들, 그렇다고 우리 엄마들 역시 시간이 멈춘 애들을 떼놓고 여행을 할 수 있는 처지도 아니다. 조용한 평일에 한해서 한 번씩 여행하자는 취지에서 결성한 여행조의 이름은 '원 플러스 원'이다. 오늘의 목적지는 부산이다.

자갈치 시장에 들러서 점심을 먹고, 지하철을 타고 해운대 해수욕장으로 갔다. 겨울철에 보는 해수욕장은 콘서트가 끝난 공연장처럼 허전했다. 바다를 처음 본 것처럼 불안하게 따라오던 아이가 갈매기를 보며 외쳤다.

"야! 비둘기다."

아이는 꽃은 전부 장미꽃이라 하고, 날개가 달린 것은 무조건 비둘기라고 생각한다. 따라오던 다른 아이들도 그 말에 동참했다. 우습지만 짠했다. 일반사람들과 섞여서 아무것도 할 수 없는 아이들과 우리 엄마들의 일상이 너무 우울해서 시작한 여행이 나름으로 의미 있게 가슴 한편에 자리잡는 순간이었다.

Y는 마흔 살의 남자아이다. 그의 엄마는 나보다 더 나이가 많다. 아들은 딸보다 힘이 더 든다. 화장실에도 따라갈 수 없고, 목욕탕에도 따라갈 수 없으니 신경도 더 많이 써야 한다. 엄마라고 부르며 요구사항이 하루에도 수십 번이다. 그래도 그녀의 눈에선 하트가 수십 개씩 떨어진다.

Y는 몇 년 전까지는 건강했다. 아이는 없었지만, 결혼도 했다. 교통사고로 머리를 다쳐 몇 달을 식물인간으로 있다가 깨어났다. 어른에서 다시 어린아이가 되어버린 아들은 아내도 떠나버렸다. 엄마 없이 저 혼자 할 수 있는 것이 없었다.

그녀는 병원에서 의식이 없는 아들을 붙잡고 할 수 있는 게 눈물 흘리는 것 말고는 아무것도 없었다. 대소변을 받아내도 좋고, 평생을 업고 다녀도 좋으니 깨어나기만 하면 그 어떤 일도 불평하지 않겠노라 수백 수천 번을 기도했다고 한다.

추억할 수 있는 옛날이 있는 그녀가 나는 부럽기만 하다. 태어나서부터 지금까지 여전히 어린아이에 머물러 있는 아이와 내게는 그런 추억조차 없으니. 그래도 내 아이보다 더 심한 아이들도 있는데 이만하길 다행이라며 나름 긍정적인 생각으로 위로해 본다.

인생에 있어 가장 좋을 때가 육십 대라고 누군가가 말했다. 자식들 독립시키고 큰돈 들어갈 일도 별로 없고, 나 한 몸 건강하면 이때가 인생의 황금기라고 말했다. 공감하는 말이지만 장애아를 가진 부모에게는 언감생심이다.

나이는 숫자에 불과하다는 말은 어른들에게만 적용되는 것 같지만 서너 살 지능밖에 되지 않는 아이에게도 해당이 된다. 아이는 어른으로 성숙해도 스스로 할 수 있는 일이 별로 없다. 내가 해줘야 할 일은 많아지고 나는 하루하루 늙어간다. 그래서 예전보다 더 힘들다. 삼십 대에 하던 일을 육십 대가 된 지금도 여전히 해야 하기 때문이다.

한참을 걷다가 일행 중 누가 물었다. 우리가 있는 오늘은 괜찮지만 내일은 어쩔 것인가? 아무도 대답하지 못했다. 아이의 손이 슬그머니 옆구리를 비집고 들어왔다. 빨리 가자는 신호다.

1과 1이 기대어 사람 인人자가 되듯 그렇게 기대어 살아가자!고 나의 원 플러스 원에게, 옆의 원 플러스 원에게 응원을 보내며 잡은 손에 힘을 주었다.

지금 중요한 것

남편은 며칠째 시숙이 입원해 있는 병원에서 형님의 의식이 돌아오기만 오매불망 기다리고 있었다. 시숙의 나이 아직 여든도 되지 않았다. 뇌졸중으로 요양병원에 입원 중이었는데 갑자기 의식불명이 되었다. 의사는 소생할 기미가 보이지 않으니 마음의 준비를 하라고 했다.

시숙은 위로 몇 명의 자식을 보내고 얻은 아들이었다. 시어머니는 장손이라고 하늘 아래 둘도 없이 귀하게 키웠다. 아들이 하고자 하는 일들은 무슨 말이든 들어주어서 시숙은 안하무인으로 자랐다. 동생들한테는 자신이 곧 법이었다. 한마디로 잘 나가는 장손이었다. 그런데도 말년에는 집 흰 칸 없이 병을 얻었다.

신혼 때를 떠올려 보면 남편은 형님을 아버지 대하듯 했다. 명절 때 모이면 시숙은 안방에서 나오지 않고 동생들이 들어가서 인사를 하고 나와야 했다. 마당에서 마주치기라도 하면 주춤하며 그 자리에 걸음을 멈출 만큼 나도 동서들도 시아버지처럼 어렵고 무서워했다.

시숙은 아내를 먼저 하늘나라에 보내고 자식들에게 의지해 살았다. 그러다가 병을 얻었다. 재활치료를 하면서 자식들이 병원비를 나누어냈지만, 기약 없는 병구완은 아이들에게 부담이 됐다. 몇 백씩 들어가는 병원비는 갈등의 원인이 되었다. 지금 상황은 빨리 떠나는 것이 아이들에게 잘된 일인지도 모른다. 며칠간의 사투 끝에 시숙의 몸에 부착된 기계의 작동이 멈추었다. '삐~' 하는 기계음을 끝으로 한 사람의 삶이 막을 내렸다.

장례식을 마치고 집으로 돌아오는 길에 이웃집 할머니가 나를 반겼다. 비뚤비뚤한 글자가 쓰인 공책을 내밀었다. 받아쓰기를 했는데 틀린 곳이 있느냐며 봐 달라고 했다. 여든이 넘은 할머니는 이제 막 한글 공부를 시작했다. 당신 이름 석 자를 쓴 게 마냥 신기하단다. 여기저기 짝을 찾지 못한 글자의 받침들이 나를 올려다보았다. 더러는 부질없는 일이라 하겠지만 지금 할머니에게 가장 중요한 것은 한글 공부다.

내게도 중요한 것이 몇 가지 있다. 세상 물정 모르는 나이 든 딸을 보살펴야 하며, 병중에 있는 어머니를 병원에도 모시고 가야 한다. 아흔이 넘은 아버지의 건강도 살펴야 하며, 쓰다만 내 삶의 조각들을 모아둔 수필도 매듭지어야 한다.

바람이 쌩하며 불어온다. 새봄을 기다리는 나무들이 미련 없이 잎을 떨어뜨리고 있다. 길 옆 산책길에 철없는 개나리가 성급하게 고개를 내밀고 있다. 날씨가 따뜻해서 봄인 줄 알았나 보다. 모두 저마다의 해야 할 일에 열중이다. 지금 중요한 것은 모두가 살아있다는 것이다.

부질없는 인생이라 하지만 그래도 살아있다는 것은 빛나는 것이다. 하여 속절없이 부는 바람에도, 피고 지는 꽃에도, 지금 중요한 것들의 의미를 부여해 본다.

제4부

맨발로 걷다

이 밤, 관객과 피아니스트가 하나가 되었다. 중년층이 좋아하는 트롯과 국민민요 '노세 노세 젊어서 노세' 국악을 끝으로 사문진 나루터의 피아노 꽃이 대단원의 막을 내렸다.

- 피아노 꽃이 피었습니다
- 맨발로 걷다
- 화성 남자 금성 여자
- 닮았다
- 똥손
- 고맙소
- 부부
- 예쁜 거짓말
- 내가 없어도 세상은 잘 돌아가
- 엄마 찬스

피아노 꽃이 피었습니다

　사문진 나루터를 통해서 우리나라에 처음으로 피아노가 들어왔다. 달성군청에서 이를 기념하기 위해 매년 성대한 콘서트를 연다. 올해는 피아노 백 대 콘서트다.
　많은 인파가 몰릴 것을 예상해서 일찌감치 집을 나섰다. 예상대로 많은 사람이 장사진을 이루었다. 강 건너 하늘에는 빨갛게 노을이 지고 있었다. 사람들은 떨어지는 석양을 배경으로 사진을 찍으며 공연을 기다렸다.
　시간에 맞추어 아흔아홉 명의 피아니스트들이 차례로 단상에 올랐다. 오늘의 사회는 임동창 피아니스트다. 그가 구십구 대 일을 외쳤다. 드디어 백 명의 피아니스트가 한 무대에 섰다. 어둠이 짙은 사문진 밤하늘의 별도 달도 콘서트에 참석했다.

맑고 고운 화음이 사문진 나루터에 울려퍼졌다.

풀벌레 소리도 강변을 날아다니던 새들도 피아노 소리에 젖어 버린 밤이었다. 강물을 유영하던 물고기들도 귀를 기울이는 밤, 영화 주제가를 연주할 때는 관객들이 흥얼거리며 따라 부르기도 했다. 어떤 이는 두 손을 가슴에 얹고 눈을 감고 감상에 빠지기도 했다.

아름다운 피아노 선율이 멈췄다. 뮤지컬 명성황후의 주인공이 등장했다. 그녀의 목소리는 나이답잖게 맑고 청아하면서도 힘이 있었다. 다음 순서는 해금을 끌어안은 출연자가 임동창씨와 일 대 일로 연주했다. 애달피 우는 듯한 해금 소리와 피아노 소리는 하나가 되었다가 가까운 듯 멀어지고, 멀어진 듯 가까워졌다. 나비가 꽃을 찾아 사뿐히 앉는 듯하다가 후다닥 날아 가버리고, 천둥이 치듯 빠르게 달렸다가 가냘프게 간드러졌다.

그들의 연주가 끝나자 장사익이 나왔다. 그는 오매불망 내가 기다리던 사람이었다.

"사모님, 오늘 밤은 가정을 버리세요!"

한바탕 웃음이 강변을 흔들었다.

농담해도 그의 목소리는 왠지 슬프게 들렸다. 그가 부른 노래 때문이리라. 하얀 찔레꽃, 노래 가사는 구구절절 가슴을 아프게 했다. 사연 없는 사람이라도 어찌 눈물이 나지 않을까. 그가 부르는 노래는 '귀가', '찔레꽃', '봄날은 간다' 였다. 앙코르송으로 '대전 블루스'를 부르며 무대를 내려갔다.

  이 밤, 관객과 피아니스트가 하나가 되었다. 중년층이 좋아하는 트롯과 국민민요 '노세 노세 젊어서 노세'를 끝으로 사문진 나루터의 피아노 꽃이 대단원의 막을 내렸다.

  백 대 피아노 콘서트로 행복지수가 만땅이었다. 하늘에서는 휘황찬란한 불꽃이 돌아가는 발길을 환하게 비추어 주었다.

맨발로 걷다

 맨발로 걷는다.
 내가 맨발로 걸을 결심을 한 것은 발바닥이 아파서였다. 무지외반증이 있는 데다 다른 사람보다 많이 걸어 다녔기 때문이다. 걸을 때마다 발바닥이 화끈거리고 아파서 걸을 수가 없었다. 의사는 별다른 방법이 없다면서 많이 걷지 말라고 했다. 걷는 양을 줄였지만 걷지 않고 살 수는 없다. 기능성 신발에다 깔창도 깔아 걸어봤지만 별 효과가 없었다. 걷는 것에 제한이 있다 보니 집에만 있게 되고, 그러다 보니 스트레스 지수만 높아졌다.
 예로부터 병은 자랑하라 하지 않았던가. 그 말이 일리가 있었다. 지인의 권유로 맨발 걷기에 도전했다. 처음에는 발이 아플까 봐 무섭고 자신이 없었다. 숲길에서 조심스레 첫발을 내딛었다. 생각보다 편안했다. 일부러 흙이 아닌 자잘한 돌이 많은 길을 택해 걸어봤다. 지압이 돼서 그런지 머리끝까지 시원해짐을 느꼈다. 폭신폭신한 흙이 발바닥에 닿으니 촉감도 좋았다. 진흙길은 일부러 오래 걸었다.

말로는 표현할 수 없는 쾌감이 느껴졌다. 무거운 족쇄를 벗어버린 느낌이랄까. 돌이나 나무뿌리가 있으면 살짝 디뎌서 발바닥이 자동으로 힘조절을 했다. 자갈을 밟아도 전혀 아프지 않았다. 신이 나서 더 빨리 걸어 보았다. 사람들이 지나가면서 아프지 않냐고 한마디씩 했다. 맨발 걷기는 중독성이 있었다. 맨발 걷기의 매력에 푹 빠져버렸다.

맨발 걷기의 효능은 신발을 신고 걷는 것보다 두 배 이상 높은 것으로 알려져 있다. 혈액순환이 잘 되며 심장과 폐기능 호전 등 불면증에도 효과가 있단다. 돌과 흙을 밟으면서 지압이 되고, 심신이 안정되면서 스트레스가 해소된다고 한다. 이밖에도 흙에서 나오는 음이온 성분이 몸속으로 전달되어 나쁜 물질을 배출한다고 하니 일석다조의 효과가 있는 셈이다.

맨발 걷기를 오래 하지 않았는데도 효과 때문인지 이제 웬만큼 걸어도 발바닥이 아프지 않다. 신통하다. 흙길에서 만난 소소한 행복 하나 찾았으니 입꼬리가 하늘로 치솟는다. 맨발 걷기는 이제부터 본격적으로 시작할 것이다. 내게 맨발 걷기로 하는 소망이 있다. 언젠가는 하얀 눈으로 덮인 산길을 걸어 보고 싶다.

화성 남자 금성 여자

친구들과 일박 이일로 여행을 가기로 했다. 내가 총무를 맡았다. 관광지에서 사면 비싸다는 의논 끝에 간식과 음료수를 이곳에서 사가기로 결정했다. 동네에 있는 마트에 들렀다. 때마침 개업한 지 얼마 되지 않은 가게여서 할인행사를 하고 있었다. 깨춤을 추며 생필품을 샀다.

저녁상을 물리고 물건들을 나열했다. 평소보다 싸게 샀다는 생각으로 기분이 좋았다. 물끄러미 쳐다보던 남편이 한마디 했다.

"전쟁 터졌나? 어디를 가든 마트에 물은 얼마든지 있는데."

그냥 잘 다녀오라고 하면 어때서 꼭 말을 해도 정떨어지게 한다고 삐죽거리며 일찍 일어나기 위해 잠을 청했다.

이튿날 아침, 출근하던 남편이 거실 바닥에 널브러진 짐을 다시 한번 쳐다보고는 한심하다는 표정을 짓더니 아무 말 없이 나가버렸다. 그때까지는 나의 무모한 짓을 깨닫지 못했다. 가방 두 개에 짐을 나눠 넣고, 하나는 메고, 하나는 손에 들었더니 무거워서 일어설 수가 없었다. 이 상황에서는 목적지까지 가는 것은 무리였다. 무거운 짐을 이동하는 것까지 생각하지 못했다. 남편은 이 상황을 짐작했으리라. 그제야 한심하다는 듯한 남편의 눈빛이 이해가 갔다.

교통비가 들면 싸게 산 물건의 의미가 없는 것 같아서 자전거에 가방을 싣고 가기로 했다. 앞뒤에 짐을 싣고 자전거를 타고 가는 것도 여간 힘든 게 아니었다. 오르막, 내리막에서는 세워서 끌고 가야 했고, 자동차가 마주 오면 세우는 것도 불안했다. 맨몸으로 타는 것은 자신이 있지만 이렇게 많은 짐을 싣고 타는 것은 처음이었다. 지그재그로 비틀거리던 자전거가 제법 중심을 잡고 골목길로 접어들고 있는데 전화벨이 울렸다.

불안한 마음과는 달리 경쾌한 전화벨 소리는 쉬지 않고 울리고 있었다. 하지만 자전거를 멈출 수 있는 상황이 아니었다. 내리막이기 때문에 균형을 잡을 수가 없었다. 내리막을 지나 간신히 자전거를 세워놓고 확인하니 남편에게서 온 전화였다. 잘 다녀오라는 한마디를 하고는 뚝 끊어 버렸다. 다리에 힘이 풀렸다. 어렵게 자전거를 세우고 헐떡거리고 있는 내 모습이 참으로 가관이라는 생각이 들었다.

이렇듯 우리는 철저하게 화성 남자와 금성 여자다. 물건을 살 때도 남편은 싼 게 비지떡이라고 하며 절대 쳐다보지 않는 성격이고, 나는 이렇게라도 절약해야 한다고 우기는 성격이다. 어렵게 자전거를 끌고 왔지만, 남편의 한마디가 위로가 된 까닭일까. 자전거의 페달을 힘껏 밟아도 무겁지 않았다.

돌아와서 남편에게 무모한 나와 몇십 년을 함께 살아줘서 고맙다고 말해야겠다. 항상 나의 주장이 맞는다고 목소리를 높인 것에 대하여 잘못된 점도 인정해야겠다. 그래야 화성 남자와 금성 여자의 거리가 조금이라도 가까워질 수 있지 않을까.

닮았다

 아이가 어렸을 때의 일이었다. 아빠와 나란히 누워 한쪽 다리를 세우고 자는 모습이 너무 똑같아 유전자는 어쩔 수 없구나 싶어 혼자 웃는 일이 있었다. 팔자걸음을 걷는 것도 영락없이 제 아빠와 빼다 박았다. 그런데 목소리는 나와 같아서 전화를 걸면 친정 부모님도 혼란스러워했다. 내가 전화를 받는데도 딸인 줄 모르고 "엄마 바꿔라." 하는 말에 "제가 엄만데요." 할 때가 많았다. 이렇듯 자식이 부모를 닮는다는 것은 지극히 자연스러운 일이다.
 내가 결혼하기 전, 엄마의 성격과 상반되는 나는 매사에 엄마가 하는 일에 불만이 많았다. 엄마는 손이 커서 한꺼번에 음식을 많이 했다. 나는 대책 없이 큰손인 엄마가 싫었다. 항상 집에 사람들이 끊이지 않는 게 엄마의 큰손 때문이라고 생각했다. 그래서 내가 음식을 만들 때는 딱 우리 식구가 먹을 만큼만 했다.

나의 외모는 아버지를 빼다 박았다. 걸음걸이는 물론이고 성격도 똑같다. 별난 제 아비 닮았다고 엄마에게 타박 받을 때도 있었지만 엄마를 닮지 않은 게 다행이라고 생각했다.

내가 집에 있을 때면 늘 열어놓던 대문도 닫아 버렸다. 엄마가 빨래해서 널어놓은 것을 다시 한번 물에 헹궈서 널고 결벽증이 있다 할 정도로 온종일 걸레를 붙잡고 살았다. 반면 엄마는 사람들 오는 것을 좋아하고 청소는 뒷전이었다.

"또 더러워질 텐데, 그냥 대충해라. 그렇게 깔끔한 체하면 오던 복도 달아난다."

매사에 이렇게 대립이 생기니 빨리 엄마에게서 독립하고 싶었다. 그래서 빨리 결혼해 버렸던 건지도 모른다.

보통의 자식보다 몇 배나 힘든 자식을 만나 내 의지대로 살지 못할 줄은 꿈에도 몰랐다. 세월이 흘러 머리가 반백이 되니 숨어있던 엄마의 유전자가 슬그머니 모습을 나타낸다. 말을 하다가 엄마와 똑같아진 목소리에 스스로 깜짝 놀란다. 이뿐만이 아니다. 지하철을 타려고 걸음을 떼나가 차창에 비친 내 걸음걸이가 엄마를 보는 듯한 착각을 일으킬 때도 있다.

이제는 끼니마다 해야 하는 밥이 귀찮아서 한꺼번에 많이 한다. 청소도 대충 하고 산다. 나는 절대로 엄마처럼 대충 살지 않을 거라며 다짐했는데 살다 보니 내가 엄마처럼 똑같이 살고 있다.

이제 나도 엄마처럼 사람들을 만나는 게 좋다. 따뜻한 차 한 잔 마시며 모여 수다도 떨고 싶다. 오늘도 전화기를 붙들고 수다 떨 친구를 물색하고 있다.

똥손

대문 자물쇠가 고장 났다. 남편이 알기 전에 재빨리 열쇠 장인에게 달려갔지만 출장은 사절이라 했다. 어쩔 수 없어 남편에게 알렸다. 남편이 교체해 보겠다며 나섰다. 솔직히 믿음이 가지 않았다. 내가 옆에서 간섭하면 뜯어놓고 그만둬 버리는 성격을 알고 있는 터라 말도 못하고, 죽이 되든 밥이 되든 기다리기로 했다.

뚱땅거리는 소리가 요란했다. 고장 난 자물쇠를 떼어내고 교체하는 중이었다. 남편의 손은 물건이 고장 나서 만지기만 하면 일만 키우는 똥손이다. 성격이 급해서 만지작거리다가 마음대로 되지 않으면 십어 던져 박살을 내놓는다.

몇 시간이 흘렀다. 불안한 마음은 콩을 볶았다. 저러다가 대문만 망쳐 놓고 못하겠다고 하면 큰일이다 싶었지만 이번만큼은 믿어 보라고 해서 애써 참고 있었다. 정확하게 네 시간 만에 연장 소리가 그쳤다. 어깨에 힘이 잔뜩 들어가 있는 것을 봐서는 의외로 잘 마무리해 놓은 듯했다.

　문을 잠글 테니 밖에서 열쇠로 열어 보라 해서 시키는 대로 했다. 그러면 그렇지 열쇠가 빠지지를 않았다. 남편은 자물쇠를 다시 뜯어서 원인 분석을 했다. 옆에서 지켜보자니 답답함이 담을 넘었다.

　결국엔 동네 지인을 불러 어렵게 마무리했다. 앓느니 죽는다는 말이 딱 들어맞았다. 그래도 대문 안 부서진 게 다행이었다. 다음에도 고장 난 일에 또 나설까 걱정은 됐지만, 고생했다고 했더니 자기가 고친 것처럼 으스댔다. 집에 고장 난 것 있으면 다 꺼내놓으라고 너스레를 떨었다. 임아! 내가 살아생전에 똥손이 금손 될 날을 보기는 하려나.

고맙소

건너서는 안 될 강을 기웃거리는 엄마는 사회성이 눈에 띄게 저조해지는 중이다. 그러면서 툭하면 '귀찮아서'라는 한마디로 일축해 버린다. 병원으로 모셔가서 검사를 한 번 받아보는 게 어떻겠느냐는 주위의 권유에 겁이 나서 내가 망설였다. 어머니 머릿속에 지우개가 생겼으면 어떡하나 싶어 현실을 받아들이고 싶지 않았다.

엄마의 일상을 파악하려 친정으로 가는 발걸음은 가볍지 않다. 그 곁을 지키는 아버지도 걱정하느라 끼니도 제때 잘 드시지 못한 것 같았다. 엄마가 소변 실수도 했다고 한다. 본인이 모르는 것 같다며 아버지는 황망한 눈길로 나를 올려다보았다.

이 상황에서 멀리 달아나고 싶다는 생각이 불같이 일었다. 이 날은 무슨 일이 있어도 병원엘 가서 진단받아 볼 생각이었다. 다리에 힘이 없어 일어나지 못하겠다는 엄마를 억지로 일으켜 병원으로 갔다.

의사는 당뇨합병증으로 신장이 망가졌다 했다. 치매 검사보다는 그쪽으로 치료를 해야 할 시기라며 입원을 권했다. 엄마는 병원에 입원하기는 했지만, 그곳에서도 말썽을 일으켰다. 당뇨에 해로운 군것질을 못하게 하니 의사고 간호사고 아무한테 행패를 부리고 간병사의 말은 아예 무시했다. 문병을 가면 간병사가 일러주는 말에 고개를 들지 못함은 물론이고, 밤에는 잠도 자지 않고 돌아다니기까지 한다니 이러다가는 병원에서 쫓겨날 것만 같았다.

열흘간의 입원을 하면서 병원과 집을 오가는 나의 심신도 조금씩 지쳐가기 시작했다. 급기야 병원에서 조기 퇴원하라는 연락이 왔다. 섬망 증세도 왔다. 엄마의 정신세계는 맑음과 흐림으로 도돌이표였다. 정신이 오락가락하니 대화가 되지 않는 상태여서 퇴원해도 걱정이 태산이었다. 의사는 급한 불은 껐으니 치매 검사부터 받으라며 소견서를 떼 주었다.

퇴원하고 집으로 왔지만, 앞으로의 일이 걱정이었다. 내 눈길을 따라다니며 힘들게 해서 미안하다 하시는 아버지 말씀이 방향을 잃은 내 마음에 단단한 쐐기를 박았다. 그것은 앞으로도 내게 모든 일을 맡긴다는 말이나 다름없었다. 힘든 마음에 온종일 추적추적 비가 내렸다.

　엄마는 병약한 아버지를 대신해서 젊어서부터 생활전선에 뛰어들었고, 우리를 굶기지 않으려고 행상으로 안 해본 장사가 없었다. 자식들이 장성해 결혼하고 두 분만 남으니 크게 돈 들 일 없어 그때부터 엄마는 먹는 것에 몰두하고 살았다. 달달한 간식들을 손을 뻗으면 닿을 거리에 두고 늘 입에 달고 살았다. 당뇨가 있다는 의사의 말을 무시하고, 고도 비만을 줄이려고 노력하지도 않았다. 배가 임산부 배만큼 나와도 "먹어야 살지!" 하며 대수롭잖게 생각했다. 엄마는 의사의 말이나 아버지의 말도 듣지 않았고, 자식들의 말은 더더욱 듣지 않았다. 당뇨를 겪고 있는 사람들의 말도 귓등으로 흘려보내고 듣지 않았다.

　그 결과 투석에 이를 정도로 엄마의 건강은 위태로운 강을 건너고 있었다. 어쩌면 남의 말을 듣지 않으려고 하는 것 자체가 치매일 수도 있다. 차라리 세상사 잊어버리고 사는 게 엄마에게는 다행일까? 매일 보는 엄마의 일상은 답이 없었다.

　내가 세상에 태어난 날이었다. 지난해에는 하루 전날 불러서 어머니가 생일을 챙겨 주었는데, 올해는 아무 기척이 없었다. 어머니 머릿속 지우개가 거기까지 지워버린 건 아닌가 싶어 초

겨울 날씨처럼 한기가 들었다. 아무 일도 없는 척하며 어머니께 밥은 잘 들고 계시는지 말을 건네보았다. 내 얼굴을 빤히 보시더니 "오늘이 네 생일이구나." 했다. 세상에 태어나 이보다 더 큰 감동의 선물은 다시 없을 것이다. 어머니를 향한 희망의 무지개가 활짝 기지개를 켰다. '임아! 망각의 강을 더는 깊게 들어가지 마오. 당신이 살을 찢어 낳은 자식임을 잊지 않아 줘서 고맙소!'

부부

산책로에서 중년으로 보이는 남녀 한 쌍을 만났다. 손을 잡고 가는 모양이 어딘가 어색해서 티 나지 않게 곁눈질했다. 티격태격하며 손을 놓으려고 하는 여자와 잡으려고 하는 남자의 행동이 지나가는 사람들의 눈살을 찌푸리게 했다. 공원에 와서 애정행각이라니 부부로 보이지 않았기에 모두 부정적인 생각을 하게 만들었다.

여자와 눈이 마주쳤다. "보기 좋습니다." 하며 마음에 없는 거짓말을 해 버렸다. 여자가 어색하게 웃더니 혹시 오해의 소지가 있을까 걱정이라며 남편이라 소개했다. 자식들 출가시키고 둘만 남은 지금, 아이들이 없으니 대화할 일도 크게 없기에 밖으로 나갈 때만이라도 손잡고 다녀보자 하였지만, 실행에 옮기기가 어렵다고 했다. 이것이 대부분 현실 부부의 실체다. 사연을 알고 나니 밀고 당기는 부부의 뒷모습이 보기에 좋았다.

매번 아이들을 데리고 떠나는 여행팀에 이번에는 낯설게도 부부가 동행했다. 자세한 것은 묻지 않았지만, 필경 곡진한 사연이 있는 것 같았다. 묻지 않았는데 일행 중 누군가가 슬쩍 귓속말을 했다. 남편이 높은 곳에서 일하다 떨어져 머리를 다쳤고, 기억에 문제가 생겼단다. 부부는 누가 말을 붙이지 않으면 한마디도 하지 않는 내성적인 성격이었다.

깜빡하는 장애 때문에 화장실을 자주 가는 남편을 문밖에서 기다리던 아내는 지퍼를 올려주고 옷매무시도 고쳐주었다. 같이 있는 동안 이러기를 수십 번, 그래도 싫은 내색 없는 아내가 천사 같았다. 유치원 아이와 선생님처럼 나란히 손을 잡고 걷던 부부는 나와 눈이 마주칠 때면 싱긋이 웃기만 했다.

아내는 식당에서 밥을 먹을 때에도 남편의 행동에서 눈을 떼지 않았다. 제대로 먹지도 않고 남편의 먹는 모습만 지켜보았다. 보다 못한 일행이 부부를 떨쳐 놓으며 아내에게도 먹을 것을 권했지만 웃기만 할 뿐, 남편에게 향한 눈길을 거두지 않았다.

부부의 동행을 눈여겨보면서 내 남편이 저렇게 됐다면 나는 저 사람처럼 할 수 있을까 생각해 봤다. 남의 가정사를 알기는 힘들지만 부부가 같이 손을 잡고 다니는 것은 습관이 되지 않으면 실행하기가 어려운 일이다. 아마 이 부부는 사고가 나기 전에도 손잡고 정겹게 살았던 것 같다. 서로 마주 보는 눈빛이 그걸 말해 주고 있었다.

유난히 하루해가 짧다고 느낀 것은 여행에 동반한 부부를 보면서 기분 좋은 에너지를 받았기 때문이다.

예쁜 거짓말

 지하철 안이었다. 연세가 지긋하신 할머니 한 분이 타더니 경로석으로 가서 앉았다. 먼저 앉아있던 할머니를 쳐다보더니 고향이 어디고, 어느 마을에 살았던 누구 아니냐며 큰 소리로 말했다. 모두의 시선이 그곳으로 쏠렸다. 할머니는 귀가 어두운 것 같았다. 거의 모든 얘기를 크게 하는 바람에 본의 아니게 듣고 말았다. 두 사람은 몇십 년 만에 만났다면서 알아보고 반가워했다.

 "옛날 얼굴 그대로구먼, 금방 알아먹겠다."
 먼저 앉아있던 할머니가 말을 건넸다.
 두 분이 젊어서 친구였다면 몇십 년은 지났을 세월이다. 하나도 변하지 않은 얼굴이라니 누가 들어도 거짓말이었다. 어이 없는 말이지만 왜 그렇게 친근하게 느껴졌던지 웃다가 건너편 좌석에 앉아있는 아주머니와 눈이 마주쳤다. 처음 보는 사이였지만 우리는 공감의 눈빛을 교환했다.

할머니가 그렇게 젊어 보이나 싶어 곁눈질로 살짝 훔쳐보았다. 할머니의 얼굴은 젊어 보이는 얼굴은 아니었다. 오히려 그 말을 해 주는 할머니가 훨씬 더 젊어 보였다. 습관처럼 예쁜 말로 바꾸어 말하고 있는 할머니 때문에 친구의 말투도 바뀌고 있었다. 교양 있고 예쁘게 말하는 할머니들의 대화는 상관없는 내가 듣기에도 기분을 좋게 하는 시너지효과가 있었다. 두 분의 대화를 엿듣다가 우연히 옛날 친구를 만난 일이 떠올랐다.

시장에서 낯익은 얼굴을 만났다. 수십 년이 흘렀지만, 예전 얼굴이 남아있었다. "나 모르겠냐?"고 하면서 반가움에 손을 덥석 잡았다. 그녀는 멀뚱하게 한참을 쳐다보더니 "많이 늙었네." 하면서 그제야 알아보는 것 같았다. 전화번호를 교환했지만 집으로 돌아와서 친구의 존재를 잊어버리고 있었다.

몇 달 만에 그녀에게서 전화가 왔다. "전화 좀 하지." 하며 대뜸 핀잔을 주더니, 무심함은 나의 천성이라며 예전에 있었던 일들을 들춰내 아직도 고치지 않고 사느냐고 했다. 그러면서 자기의 기억력을 과시하기 시작했다. 친구들과의 불화는 모두 자기 합리화시키기 급급해서 듣기가 불편했다. 어찌 됐든 지금

예쁜 거짓말 145

잘 살고 있으면 그걸로 좋지 않느냐며 앞으로도 사는 날까지 마음도 몸도 건강하게 잘 살자면서 옛날이야기에 마침표를 찍고 내가 일방적으로 전화를 끊어버렸다.

그녀와의 통화내용은 중요하지 않아서 까맣게 잊고 있었다. 몇 달 뒤에 다른 친구에게서 그녀의 이야기를 들을 수 있었다. 아들은 교통사고를 당해 죽었고, 남편과 헤어져 혼자 어렵게 살고 있다는 것이었다. 아차 싶어서 후회와 연민의 마음이 뒤엉켜 나 자신을 원망했다.

나의 성격은 과장되거나 유난을 떨지 못한다. 아무리 반가운 친구를 만나도 그냥 덤덤하게 "반갑다." 할 뿐이지 호들갑 떨며 반기지를 못한다. 고맙거나 반갑다는 표현은 좀 더 과장되게 해도 좋을 텐데 그러지를 못하니 나 자신도 답답할 때가 많다.

상대방의 기분을 좋게 하는 말들이 서로의 마음을 통하게 만드는 마법이 아닐까 싶다. 듣기 좋게 말하는 데 돈이 드는 것도 아니고, 힘이 드는 것도 아니다. 지하철에서 만난 할머니들의 대화는 거짓말이었지만 향기가 나는 예쁜 거짓말이었다.

내가 없어도 세상은 잘 돌아가

 미끄러져서 팔목이 부러졌다. 쇠를 박아 손목을 고정하는 수술을 해야 하는 상황이었다. 입원 준비를 하면서 심란했다. 큰딸은 나이만 먹었지 내 손이 가지 않으면 안 되는 지적장애가 있고, 남편은 걱정하지 말라며 큰소리를 치지만 믿음이 가지 않았다. 본인도 해보지 않은 일이라 걱정이 됐을 것이다.
 예전의 일이었다. 결혼하고 처음으로 내가 병원에 입원하게 됐다. 갑상샘암으로 수술해야 하는 상황이었다. 아이 둘은 친정에 맡겼고, 남편 혼자 있으니 별다른 걱정은 하지 않고 있었다.
 퇴원해서 집으로 왔다. 멀쩡했던 세탁기가 쓰러져 고장 나 있었다. 남편의 말이 기가 막혔다. 세탁기를 돌렸는데 물이 빠지지 않아 자빠트려 물을 쏟았다는 것이었다. 우리 집 세탁기는 세탁과 탈수, 동작 버튼을 눌러야 하는 반자동이었다. 성질 급한 남편이 세탁만 눌러놓고 기다렸으니 당연히 물이 빠지지 않았겠지. 세탁기를 뒤집었으니 본체에 물이 들어가 전신마비가 된 것이었다. 그 일을 계기로 나는 남편에게 무슨 일을 맡기기가 겁이 났다.

슬그머니 밖으로 나갔던 남편이 우족을 사왔다. 뼈가 부러진 데는 곰국이 최고라며 너스레를 떨었다. 평소에 내가 안 먹는 음식이 곰국인 걸 잊었나 생각하다가 내가 퇴원할 때까지 반찬 걱정은 하지 말라는 뜻으로 받아들였다.

남편은 끼니때가 되면 밥 달라며 밖에 있는 나에게 전화하는 사람이었다. 여자일 남자일 따지며 주방 근처에서 맴돌 뿐, 절대 주방에 들어오는 법이 없었다. 남편 친구들이 요즘 그러면 쫓겨난다고 해도 자기의 신념을 버리지 않는 사람이었다. 사위가 주방 심부름을 거들면 가만히 앉아있으라며 핀잔을 주고, 못마땅해하던 사람이 아니던가.

상황이 이러니 부러진 팔목보다 집에 있는 아이와 남편이 더 걱정되었다. 남편에게 내가 없는 연습도 시켜놓아야 한다고 마음은 먹고 있었다. 차라리 앓느니 죽는 게 낫겠다는 생각에 실천에 옮기지 못하고 살았다.

입원 준비를 하다 말고 고민에 잠겨있는데 결혼한 작은딸에게서 전화가 왔다. 아빠의 상황과 언니의 돌봄 등 걱정이 한가득이라고 했더니 이런 내가 한심스러웠나 보다. 엄마가 없어도 세상은 잘 돌아간다며 핀잔을 주었다. 딸의 말에 고개를 끄덕이며 서둘러 입원 준비를 했다.

며칠 후 퇴원하고 집으로 왔다. 생각보다 집안은 깔끔하게 정돈돼 있었고, 딸아이의 상태도 말끔했다. 내가 없어도 세상은 잘 돌아가고 있다는 작은딸의 말을 상기해 보았다. 이번 일을 계기로 한 번씩 나의 일탈도 계획해 봐야겠다.

엄마 찬스

 딸은 둘째를 임신하면서 육아휴직을 내어 군의관으로 있는 사위를 따라 울릉도로 갔다. 출산 때가 되어 친정인 대구로 와서 출산 후 이제 다시 돌아가는 길이다. 배를 타러 떠나면서 딸이 농담처럼 내게 말했다.
 "나는 언제 엄마 찬스를 쓸 수 있지?"
 웃으면서 하는 말이었지만 아프게 마음에 자리 잡았다. 가슴이 먹먹해지는 엄마 찬스란 말에 유효기간이 없다고만 했다. 한순간도 엄마의 시선을 차지하지 못하고 자란 딸에게 엄마 찬스란 곁에 있어 주지 않은 게 다일까? 나에게 있어서 엄마 찬스란 딸에게 진 마음의 빚을 조금이나마 내려놓을 수 있는 것으로 생각하고 있었다. 그렇지만 기회는 자꾸만 내게서 멀어지고만 있다.

뱃고동 소리가 요란하게 울리고 아이를 하나씩 안은 딸과 사위는 손을 흔들며 떠나갔다. 멀어져 가는 배를 하염없이 바라보다 옛 생각에 사로잡혔다.

내게는 두 딸이 있다. 큰딸은 자폐아로 자는 시간 외에는 사고를 쳤다. 냉장고 안의 것들을 있는 대로 끄집어내서 촉감놀이를 하고, 정리된 것을 다 흩트려 놓아야 직성이 풀렸다. 잠시도 손을 가만히 있지 않았다. 대소변도 시간 맞춰 누이지 않으면 촉감놀이로 발전했다. 밖으로 나가면 남의 집에 들어가기가 일쑤니 나는 언제나 큰딸을 나의 동선에 가둬 놓아야 했다. 시간이 멈춰진 큰딸애의 사고는 나를 정신없이 살도록 했다.

작은딸은 이런 모든 과정을 지켜보며 살았다. 그래서인지 자기 또래보다 일찍 철이 들어버렸다. 어쩌면 내가 은연중에 큰딸의 부족함을 작은딸에게 가중하고 있었는지도 모를 일이었다.

하루는 옥상에서 빨래를 널고 오니 큰딸이 없어졌다. 미친 사람처럼 아이를 찾아 동네를 헤매고 있는데 작은딸이 덩치가 제 몸의 두 배나 되는 언니의 손을 잡고 끌다시피 해서 찾아서 데리고 왔다. 어린 것한테까지 짐을 지운다 싶어 언니가 아픈 건 네 잘못이 아니라며 두 딸을 붙잡고 한없이 울었다.

엄마 찬스

작은딸은 사춘기를 어떻게 보냈는지 내색 한번 없었다. 고등학교 내내 책만 끌어안고 살았다. 새벽에 독서실에서 돌아온 적도 많았고, 그런 애를 보면서 잠도 자면서 공부하라고 책을 뺏던 일도 많았다. 다른 애들은 과외도 하고, 학원도 여러 개 다니는데 나는 이렇게라도 공부해야 따라간다고 해서 내 가슴을 먹먹하게 만들기도 했다.

작은딸이 고등학생때 선생님이 아이를 서울에 있는 대학교에 보내자고 했을 때도 서울은 경제적인 어려움도 있어 그냥 지역의 교대에 보내겠다고 했다. 분명 저도 열망하는 꿈이 있었을 터인데 한마디 원망도 하지 않고 교대에 들어갔다. 학비와 용돈은 장학금과 과외를 해서 해결하면서 사 년 동안 한 번도 학비를 달라고 한 적이 없었다.

작은딸이 첫 월급을 내게 건네며 그동안 언니 때문에 힘들게 사셨으니 이 돈으로 엄마가 하고 싶은 걸 하라고 했다. 그러면서 "사느라 고생하셨소. 존경하오, 우리 엄마!" 했던 아이였다. 아무것도 해 준 것 없는 부모라는 자책이 늘 마음에 빚으로 있는 나는 그 말을 들을 자격이 없다고 생각했다.

결혼할 때도 자신이 모아놓은 돈으로 살림살이를 장만하고, 사위와 의논해서 대출받아 전세를 얻고, 내게 부담을 주지 않으려고 애썼다. 흔히들 의사 사위를 보면 열쇠 몇 개쯤 줘 보내야 한다고 말하지만 한 개도 주지 못했다. 세상에 자식에게 잘해주고 싶지 않은 부모가 어디 있겠는가. 그래서 나는 마음의 빚이 점점 늘어나기만 했다. 언젠가는 나에게도 기회가 오겠지 하며 살았다.

나도 이제는 큰딸에게 익숙해져 마음의 여유가 생겼다. 작은딸이 아이를 낳으면 아무리 어려워도 내 손으로 키워주고 싶었다. 육아 담당이라도 신경 안 쓰게 하고 싶었는데, 생뚱맞게 사위가 울릉도로 발령이 난 것이다. 내가 멀미가 심한 걸 아는 딸은 꿈에라도 올 생각을 말라며 울릉도로 오라는 말을 한 번도 하지 않았다.

혼자서 아이 둘을 키우려면 엄마라도 곁에 있어야겠지만 그럴 사정이 아니니 저도 막막했을 것이다. 나에게도 기회는 점점 멀어지고 있는 것 같다. 엄마 찬스를 쓸 날이 자꾸만 짧아지는 것이다.

제5부

천사들의 합창

잠시 들떴던 무대의 감흥을 추스르기도 전에 모두 아이를 찾아 밖으로 나왔다. 아무 간섭도 없는 세상 밖이 궁금한 모양이었다. 이렇게 아이들의 행동은 반복되고 어린아이에 머물러 있다. 천사들의 합창은 오늘도 진행 중이다.

- 천사들의 합창
- 하늘 높이 날아라
- 경로우대
- 콩깍지와 콩
- 내 친구 옥자
- 물어나 볼 걸
- 층간 소음
- 할머니
- 흘려 보냄
- 쉼표
- 서랍 속의 까만 안경
- 엄마꽃

천사들의 합창

 울어도 떠들어도 시끄러워도 고함을 쳐도 모든 것이 음악이 되는 재활 음악연주회, 바로 천사들의 합창이다.
 별무리합창단은 선생님을 빼고는 모두가 장애우들이다. 각기 다른 특성으로 만난 친구들이 모여 연습실은 언제나 산만하다. 아이들로는 협연이 어려워서 엄마들도 연습을 같이했다. 내 아이 하나 설치는데도 정신이 없는데 여러 명의 아이가 왔다 갔다 하니 정신을 차릴 수가 없었다. 한군데 앉아 있지 못하는 아이, 문만 열리면 탈출을 시도하는 아이, 계속해서 같은 질문만 하는 아이, 누워서 자는 아이, 모두 가만히 앉아 있기가 어려운 아이들이다. 연습 내내 뛰어다니며 장난을 쳤다. 무엇을 해야 할지 산만한 가운데 북을 치고 장구를 쳤다. 몇 분의

짧은 공연을 위해서 우리는 꼬박 몇 달 동안 연습했다.

문화예술회관에서 공연이 있는 날, 돌아다니는 아이는 선생님이 손을 잡고 있었고, 앉아 있지 못하는 장애가 있는 아이는 엄마가 뒤에서 끌어안고 연주했다. 어려운 환경이지만 이날만큼은 공연이 끝날 때까지 아이들이 잘 따라주었으면 했다. 나를 보고 따라 치라고 뒤에 앉혀놓은 딸아이는 자꾸만 뒷북을 쳤다. 엄마는 뒤에도 눈이 달려있다. 분명 옆에 앉아 있는 잘생긴 오빠를 보고 있으리라. 어수선한 가운데 사물놀이가 끝났다. 관중석에서 박수가 터져 나왔다. 잘했다기보다는 그래도 괜찮다는 위로의 박수였다.

아이들만의 목소리로 합창이 이어졌다. 청아한 소리가 팔공홀 가득 울려 퍼졌다. 선생님들의 손을 잡고 하는 합창이었지만 노래하는 것에 집중한다는 자체가 모두에게 감동이었다. 객석에서는 여기저기 부모들의 울음이 터져 나왔다. 할 수 있다는 희망을 보여 준 것이었다. 딸아이의 씩씩한 독창을 끝으로 합창이 끝났다. 격려의 박수가 홀이 떠나가도록 오랫동안 이어졌다. 그것은 아이들과 선생님들에게 보내는 응원의 박수였다.

기다렸다는 듯이 딸아이가 펄쩍펄쩍 뛰면서 신나게 춤을 추었다. 음악도 없고 조명도 꺼졌지만, 그 장면은 하나의 퍼포먼스였다. 아이들도 신나서 같이 어울렸다. 객석은 울다가 웃다가 모두 하나가 되었다.

 무대의 불이 켜지기가 무섭게 아이 하나가 없어졌다. 바깥으로 나가기만을 벼르던 아이가 잽싸게 문밖으로 나가버린 것이었다. 이런 일들은 자주 벌어지는 일이다.

 잠시 들떴던 무대의 감흥을 추스르기도 전에 모두 아이를 찾아 밖으로 나왔다. 아무 간섭도 없는 세상 밖이 궁금한 모양이었다. 이렇게 아이들의 행동은 반복되고 어린아이에 머물러 있다. 천사들의 합창은 오늘도 진행 중이다.

하늘 높이 날아라

 아이가 이용하고 있는 센터에서 이십여 명의 장애우들이 모여서 꼬박 일 년 동안 난타 공연을 연습했다. 장애 고용회사에 다니는 애들도 있어서 주로 저녁에 연습을 했다. 처음에는 천방지축인 아이들이 난타가 가능할까 걱정이 되었다. 오른손을 들어야 하는데 왼손을 드는 아이가 있는가 하면, 두 손을 높이 쳐드는 아이도 있었고, 그도 저도 관심이 없는 아이는 아예 손을 들지도 않았다.
 지적장애 1급이나 2급이었으니 누군가의 도움 없이는 말귀를 알아듣기가 어려운 상황이었다. 음악에 맞춰 똑같은 율동으로 북을 쳐야 하니 난장판이 따로 없었다. 몇 명의 엄마들이 조를 짜서 교대로 아이들의 뒷바라지를 했다. 라면을 삶아 먹이고, 떡볶이도 만들어 주었다. 같이 놀아주고, 노래하며, 어느새 1년이란 세월이 흘러갔다.

아이들은 그저 먹는 것에 정신이 팔려있었다. 조금만 연습하면 간식을 주겠다며 달래고 어르면서 어렵게 동작을 맞추었다. 처음에는 중구난방이던 아이들이 조금씩 자리를 잡아가며 이해하기 시작했다. 딸 아이는 아무리 연습시켜도 동작을 따라하지 못해 무대 밖에서 박수만 치기로 했다.

충남 천안에서 장애우들만의 장기자랑대가 열렸다. 공연날이 다가왔다. 잘해 낼 수 있을까 싶어서 밤새 뜬눈으로 잠을 설쳤다. 처음 무대에 서는 아이들이라 떨리는 모습이 역력했다. 잘할 수 있다고 힘차게 외쳤지만, 떨리는 건 부모도 마찬가지였다.

무대의 막이 올랐다. 제주도를 비롯해 각 도를 대표하는 아이들의 공연이 시작됐다. 독창으로 국악을 하는 팀도 있었고, 단체로 합창과 무용을 하는 팀도 있었다. 연극을 하는 조의 일원 중 휠체어를 타는 아이가 눈길을 끌었다. 불편한 몸으로 힘들게 따라하는 것을 보면서 모두 눈물을 흘렸다. 한 아이가 공연하고는 상관없이 제 마음대로 무대를 휩쓸고 다녔다. 지적장애우다운 행동이었다. 우리는 그 아이를 향해서 환호의 박수를 보냈다.

드디어 우리 팀의 공연이 시작됐다. 우려했던 것보다 만족한 공연이었다. 비록 동상을 받았지만 기뻐하는 아이들의 모습에서 자신감과 가능성을 보았다.

성공적으로 마친 행사를 계기로 난타 공연을 의뢰받았다. 중구청에서 지적 장애우들에게 공연 기회를 주고자 마련한 자리였다. 엄마들은 먼저와 똑같이 조를 짜서 아이들을 먹이고 챙겼다. 한 번의 무대 경험이 있었던지라 연습이 쉽게 진행되었다.

중구청에서 나눠준 오렌지색 셔츠를 입고 서상돈 고택 앞에 모두 모였다. 관객들도 하나둘 모여들기 시작했다. 밝은 표정으로 입장한 아이들의 얼굴은 잘 하리란 기대감으로 가득 차 있었다.

공연이 시작되었다. 북을 치는 소리가 경쾌하게 하늘 가득 퍼져나갔다. 부모들은 두 손을 합장해서 그러모았다. 이때만큼은 자식에 대한 열등의식을 잊었다. 북소리는 내 아이도 여느 아이처럼 할 수 있다는 희망으로 시원하게 울려 퍼졌다. 잘하지 못하면 어떠하랴. 이 자리에 서 있는 자체만으로도 성공인 것을.

온몸에 소름이 끼친 듯 전율이 일었다. 한바탕 시원한 소나기 같은 두드림이었다. 아들의 공연을 바라보면서 펑펑 울던 어떤 아버지의 눈물을 보았다. 아버지의 눈물은 여느 엄마의 눈물보다 더 뜨거웠다. 그의 눈물비는 모두의 가슴을 적셨다. 날개를 단 우렁찬 북소리가 하늘로 치솟았다. 두 번째 비상이 막을 올렸으니 세 번, 네 번도 가능하리라.

경로우대

 낯짝도 두껍다. 지하철 경로석에 젊은이가 앉아있다. 곧이어 할머니 한 분이 탔다. 젊은 사람이 일어날 기미가 보이지 않았다. 여기는 경로석이니 비켜달라고 할머니가 한마디 했다. 젊은이가 하는 말이 가관이다. "요금도 안 내고 공짜로 탔잖아요." 하면서 끝내 일어나지 않았다.
 "그래 젊은이, 여기는 돈 안 내고 공짜로 타는 사람만 앉는 좌석이니 돈 내고 탄 너는 저쪽에 가서 앉아라."
 뿔난 할머니가 시원하게 한마디 했다. 통쾌하다. 톡 쏘는 사이다 같은 돌직구다.

 외출을 마친 남편이 돌아왔다. 화가 잔뜩 난 모습이다. 거울을 들여다보며 이리저리 무게를 잡으며 혼잣말로 투덜대고 있다가 느닷없이 물었다.

"내가 그래 늙어 보이나?"

지하철을 탔더니 학생이 일어나며 어르신이라고 했다는 것이다. 웃기는 말이다. 자기 딴에는 늙은 티 내지 않으려고 한동안 지하철 요금을 내고 타던 남편이다. 그런다고 나이가 어디 갈까 하면서 나는 타박했다. "예의 바른 학생이구먼. 요새 어른들을 본 체도 안 하는 아이들이 얼마나 많은데." 하면서 무시했다. 염색해 달라는 말에도 머리카락이 몇 올 남지 않았는데 무슨 염색을 하냐며 한쪽 귀로 듣고 흘렸다.

세월은 누구도 비켜 가지 않는다. 어느새 나도 무임승차를 하는 나이가 되었다. 어르신이란 말이 상당히 부담스럽다. 자꾸 거울을 쳐다보게 된다. 흰머리를 감추려고 염색하고 모자도 쓰고 다닌다. 지하철을 타면 나이 든 티를 내지 않으려고 젊은 사람 앞에는 서지도 않는다. 자리를 양보할 것 같은 불안감이 들어서이다. "너희들도 늙어 봐라." 하시던 어른의 말씀이 이제야 수긍이 간다.

손녀가 다니는 학원에 아이를 데리러 갔다. 원장이 내게 "어르신, 안녕히 가세요." 하는 인사말에 충격을 받았다. 다시는 그 학원에 가기도 싫었다. 예의를 차린다고 하는 말이었겠지만 받아들이기에는 아직 마음의 준비가 되지 않아서일 것이다. 남편의 마음이 "그때, 이랬었구나." 하는 생각이 든다.

사람은 자기가 겪어보지 않은 일에는 무관심하다. 내가 주인공이 아니면 한 치 앞을 모르고 떠들어대지 않던가. 오늘은 남편의 몇 올 남지 않은 머리카락에 염색이라도 해 줘야 하나. 서쪽 하늘 발간 노을이 오늘따라 유난히 처연하다. 나는 오늘 남편에게 경로우대를 할 참이다.

콩깍지와 콩

 친정어머니의 잦은 입원으로 형제들 간에 마찰이 생겼다. 처음 입원했을 적에는 나 혼자 할 만해서 그냥저냥 넘어갔다. 여러 번 일이 생기니 혼자 감당하기에는 벅찼다.

 끝이 보이지 않는 어머니의 간호에 나누어서 하자며 동생들을 불렀다. 직장을 쉬고 교대로 간호를 할 수도 없으니 누나가 그냥 하면 안 되겠냐는 말에 그동안 쌓인 감정이 한꺼번에 터져 버렸다. 비용을 나누어 내기로 하고 간병사를 쓰기로 하자고 일방적으로 결정을 해 버렸다. 올케의 불만이 귀에 들어왔지만 어쨌든 악역을 맡았다.

 맏아들인 동생은 사고로 인해 신체장애 1급이다. 그래서 자식들이 나서야 할 고민에서 큰동생과 올케는 항상 제외했다.

맏이가 하는 걸 떠안을까 봐 막내가 부담스러웠나 보다. 부모님 일에 언제나 물에 기름 돌 듯이 적극적이지 않았다. 병원에 문병하러 오는 것도 어쩌다가 한 번 오면 끝이었다. 돈 문제에 날을 세워 나를 피하기만 했다.

   자식들 간의 마찰을 눈치채신 아버지가 우리를 불렀다. 아버지는 6.25 참전 용사이다. 당신들 생활비는 국가에서 매달 나오니 모아둔 돈으로 해결하겠다고 했다. 성급했던 나의 행동을 반성하는 계기가 되었다.

   삼국지 조조의 아들 중 조비는 아버지의 뒤를 이어 왕위에 올랐다. 유일한 경쟁자였던 동생 조식을 처단하기로 하고 그에게 일곱 걸음을 걸을 동안에 시를 한 편 지어내면 살려 주겠다고 했다. 여기에서 탄생한 시詩가 칠보시이다.

   "콩깍지는 솥 밑에서 불타고 콩은 솥 안에서 우는구나. 같은 뿌리에서 나서 서로 볶아대기를 이리도 서두르는가." 하는 내용이다. 삼국지의 조비처럼 쓸데없는 노파심에 동생들을 들볶은 건 아닌지. 돈 때문에 벌어진 인간의 민낯이 그대로 비치는 현실이 되어 버렸다.

내 친구 옥자

아침 산책길이었다. 등 뒤에서 "옥자야" 하는 소리가 들렸다. 까마득하게 잊고 있었던 이름이 갑자기 떠올라 돌아보았다. 낯익은 이름이 나를 몇십 년 전 기억 속으로 거슬러 올라가게 했다.

옥자는 초등학교 때 같은 반이었다. 그애는 옆집에 살았고, 우리는 이름이 비슷하다는 이유로 다른 아이들보다 친하게 지냈다. 옥자의 아버지는 병으로 방안에만 누워 있었다. 옥자는 학교를 갔다 오면 아버지와 동생을 돌봐야 했다. 칭얼거리는 동생을 어르며 친구들이 노는 모습을 늘 부러워했다.

옥자의 집에는 매일 새로운 만화책이 있었다. 밖에서 놀지 못하는 딸에게 엄마가 해주는 최선의 보답이었다. 우리 엄마는 만화책을 보는 것조차 싫어해서 옥자가 부러울 때도 있었다. 학교를 마치기가 무섭게 옥자네 집으로 가서 만화책을 보며 놀았다.

어느 날, 동생을 재워놓고 옥자가 말했다.

"우리 소꿉놀이 대신 미장원 놀이 해 볼래?"

새로운 놀이에 혹한 내가 미장원 주인이 되고, 옥자는 손님이 되었다. 뻣뻣한 풀잎을 뜯어서 머리를 말았다. 성에 차지 않아 대범하게 하기로 했다. 쇠젓가락을 연탄불에 달궈서 머리카락을 꼬부라지게 하는 것이었다. 우리는 새로운 놀이에 마음이 콩닥거리며 들떠 있었다.

연탄불에 쇠젓가락을 달구고 옥자의 머리카락을 잡았다. 그런데 젓가락을 놓쳐버려 옥자의 등으로 들어가 버렸다. 등을 타고 바지춤에서 멈춘 젓가락에 옥자는 화상을 입었다. 나는 엄마에게 혼날 것이 두려워 숨어버렸다.

두 엄마가 왔다 갔다 하며 부산하긴 했지만, 생각보다 엄마에게 크게 혼나지는 않았다. 며칠이 지나 옥자 엄마의 호출이 떨어졌다. 그 애의 집에는 나 말고도 여러 명의 친구가 불려 와 있었다. 방 한가운데에 조그만 단지가 놓여 있었고, 그것을 기준으로 빙 둘러앉아 있었다.

옥자 엄마는 아이들에게 단지에 손을 넣으라고 했다. 앞으로 위험한 장난을 하지 않기로 맹세하라는 것이었다. 계속 이런 장난을 하면 손을 넣은 사람의 손이 꼬부라지니 명심하라고 했다. 내 차례가 되었다. 나는 울먹이며 단지에 손을 넣지 않았다. 단지에 손을 넣었다가는 손이 꼬부라질 것 같아서였다. 다시는 그런 놀이를 하지 않겠다고 싹싹 빌었다. 옥자 엄마는 우는 나를 달래며 앞으로 더 친하게 지내라는 말을 하고 감자를 삶아주었다.

나는 옥자에게 미안한 마음이 들었다. 예전보다 더 자주 가서 놀아주었다. 밖에서 노는 것보다 옥자의 방안에서 더 많이 놀았다. 나중에 안 일이지만 등의 화상은 별 상처 없이 잘 아물었다고 했다.

얼마 후, 병이 깊어진 옥자 아빠가 돌아가셨다. 초상을 치르고 몇 달 후에 옥자네는 이사를 가버렸다. 요새처럼 집마다 전화가 있던 시절도 아니었으니 어디로 갔는지 알 수가 없었다.

세월이 까마득히 흘렀다. 잊고 있었던 이름이 내 기억 속으로 생생하게 다가왔다. 열 살이었던 옥자의 모습이 지금은 희미하다. 길에서 만나도 스쳐 지나가겠지. 아이들을 나무라기보다 재치 있게 잘못을 깨우쳐 주신 옥자 엄마도 보고 싶다.

"보고 싶다. 내 친구 옥자야!"

너도 지금쯤 멋진 할머니가 되어 있겠지.

물어나 볼 걸

 오래전에 헤어진 친구를 만났다. 세월이 많이 흘렀지만, 옛 모습이 남아 있어 알아볼 수 있었다. 찻집에 가서 커피 한 잔을 마주 놓고 옛 추억을 소환했다. 세월이 흐른 만큼 할 말도 많았지만 가장 궁금한 게 한 가지 있었다. 그녀 오빠의 안부였다.
 풋풋한 소녀적, 우연히 마주친 그의 웃는 얼굴이 내 마음에 들어왔다. 그날 이후로 친구의 집에 이유 없이 들락거렸다. 혹시라도 그의 얼굴을 볼까 싶어서였다. 만나면 말 한마디도 붙이지 못했지만, 나의 짝사랑이 시작되었다. 맛있는 것을 먹어도, 분위기 있는 찻집엘 가도 나의 일상은 언제나 그 오빠 생각뿐이었다. 그렇지만 먼저 만나자는 말을 해 볼 용기는 없었다. 그가 먼저 데이트 신청을 해 주기만 기다리며 애를 태웠다.

그날은 크리스마스이브였다. 퇴근하고 집으로 곧장 가기에는 아쉬운 마음이 들어 직장동료와 동성로에 갔다. 캐럴이 온 거리에 울려 퍼지고 때맞춰 눈까지 흩날리고 있었다. 분위기는 들떴지만 여자 둘이서 다닌다는 게 처량해서 일찍 집으로 가기로 했다.

헤어져 집으로 가는 길에 한 남자와 마주쳤다. 내가 짝사랑했던 그였다. 눈 내리는 날 우연히 만난 것은 행운이었다. 나는 콩닥거리는 가슴을 감추느라 아무 말도 못했다. 그도 무척 반가워하는 기색이었다. 무엇보다 기뻤던 것은 그가 혼자였다는 사실이었다. 이런 날 혼자 다닌다는 것은 애인이 없다는 것이 아닐까.

나란히 걸어서 찻집에 가서 차도 한 잔 마셨다. 무슨 말을 나누었는지 생각나지 않지만, 심장이 두근거려서 제대로 된 대화는 불가능했을 것이다. 찻집에서 나와 지금의 경상감영 자리로 갔다. 그때는 중앙공원으로 불렀다. 눈이 조금씩 내리고 있었지만 다니는데 불편할 정도는 아니었다. 담 옆으로 벤치도 있었고, 앉을 만한 너럭바위도 있었다. 그가 마침내 너럭바위 앞에 멈췄다. 뜬금없이 다리가 아플 테니 쉬어가자고 했다.

그가 손수건을 꺼내 바윗돌에 펼쳤다. 내가 엉덩이를 내밀었다. 이럴 수기! 니보다 먼저 그의 엉덩이가 손수건 위에 닿았다. 순간, 콩깍지가 벗겨졌다. 내가 그에게 특별한 사람이 아니었구나 싶어서 자존심이 상했다. 뒤돌아보지도 않고 그곳을 뛰쳐나왔다. 버스정류장까지 그가 뒤따라왔지만 무시하고 버스를 탔다. 그날 이후로 나는 짝사랑의 기억 따위는 깨끗하게 지워 버렸다.

  살아오면서 그를 닮은 사람, 혹은 이름이 비슷한 사람을 만날 때가 있었다. 잘 살고 있을까? 궁금할 때도 있었다. 한 번쯤 만난다면 그대의 엉덩이가 숙녀의 자존심보다 소중했는지 묻고 싶었다. 그렇지만 한번도 그를 만나지 못했다.

  친구에게 오빠의 안부를 물었다. 너의 오빠를 짝사랑했다면서 한번 만나보고 싶다고 했더니 자신도 오빠가 그립다고 했다. 그 오빠는 얼마 전에 세상을 떠났단다.

  사실 그는 죄가 없다. 내 멋대로 그를 드라마에 나오는 멋진 남자로 만들었고, 내 맘대로 좋아하다가 별것 아닌 것에 마침표를 찍었다. 그와의 아무 추억도 없지만 잘 살고 있으리라는 생각은 했었다. 지금 내가 숨 쉬고 있는 하늘 아래 그가 없다는 이유가 왜 이리 마음을 흩어놓는지 알 수 없는 일이다. 그날 그의 엉덩이가 차가운 곳에 앉으면 안 되는 이유라도 있었을지 모르는 일이다. 살다 보면 예외라는 것도 있으니까. 왜 그랬는지 그날 바로 물어나 볼 걸 그랬나?

층간 소음

 층간소음 때문에 벌어진 끔찍한 사건을 뉴스에서 보았다. 어린 손녀가 둘인 나도 남의 일만은 아닌 것 같아 마음이 쓰였다.
 내가 삼층 건물의 이층인 이 집으로 이사 온 지 한 달째였다. 처음으로 집들이 겸 딸의 가족이 방문했다. 뒤꿈치를 들고 걷는 손녀들이 안쓰러웠다. 아파트에 살면서 제 어미에게 교육을 단단히 받은 모양이었다. 우리 집은 괜찮다고 말했으나 신경이 쓰이는 건 사실이었다. 아래층 사람들에게는 나중에 양해를 구해야겠다고 생각했다.
 저녁때쯤 노크 소리에 문을 열었더니 일층에 사는 아가씨였다. 잔뜩 인상을 쓰며 아이들이 너무 시끄럽다고 하고는 쌩하니 내려가 버렸다. 내가 말할 기회도 주지 않았다. 불편한 마음은 딸이나 나나 매한가지였다. 그러잖아도 층간소음이니 어찌고 해서 뉴스를 볼 때마다 남의 일 같지 않았는데 실제로 겪어보니 몹시 불안했다. 딸과 아이들은 밥도 먹지 않고 서둘러 집으로 돌아갔다.

일층에는 모녀가 살고 있었다. 아래위로 살고 있어도 얼굴을 볼 기회가 없었다. 만나면 사정 얘기를 하리라 생각은 했다. 아이들이 매일 오는 것도 아니고, 차일피일 미루다 보니 이같은 불상사가 생겨 버렸다. 그 일이 있고 난 후, 딸과 손녀는 우리 집에 오지 않게 되었고, 나 역시도 부담이 돼서 오라는 말을 하지 못했다.

며칠 후 마당에서 빨래를 널고 있는 아가씨를 만났다. 사과도 할 겸 해서 차 한잔 하자며 말을 건넸다. 그녀는 무시하듯 아무 말도 하지 않고 자기 집으로 들어가 버렸다. 어린 사람에게 이렇게까지 무시당해야 하나 싶어서 은근히 부아가 치밀었다. 사과고 뭐고 나 역시 정나미가 떨어져서 집으로 들어와 버렸다.

잠시 후에 그녀의 엄마가 문을 두드렸다. 마음을 진정시키고 문을 열었다. 커피 한잔을 앞에 놓고 그녀의 엄마가 입을 열었다. 한때는 잘 살았단다. 남편의 사업 실패로 남의 집에 세든 신세가 되었단다. 그 이유로 딸에게 트라우마가 있다고 했다.

뜬금없는 이야기를 하는 여자는 자기 모녀를 이해하라는 것인지 대화의 맥락이 뭔지 혼란스러웠다.

갑자기 이런 사람들과 같은 건물에 산다는 게 무서워졌다. 한여름에도 문을 꼭꼭 닫아놓고 사는 모녀의 생활은 궁금하지도, 말을 건네고 싶지도 않았다. 세금을 받을 때 말고는 거의 만날 일이 없었던 모녀는 전세 만기가 되어 다른 곳으로 이사를 갔다.

새로 이사를 온 사람에게는 일찌감치 얘기했다. "시집간 딸과 아이들이 가끔 온다, 아이들이 어려서 주의시켜도 금방 잊어버린다, 최대한 신경 쓸 테니 양해 해 달라."고 부탁했다. 일층집 사람은 아이들은 뛰어다니며 자라야 한다며 괜찮다고 했다. 그렇게 말해주니 마음이 한결 편해졌다. 그렇다고 아이들을 마음대로 뛰어다니게 한 건 아니었다.

이제 뒤꿈치를 들고 다니던 손녀들이 내 키만큼 컸다. 이해심 많은 이웃을 만나 한 번의 다툼 없이 몇 년을 같이 살고 있다. 우리는 모두 층간소음의 피의자며 피해자일 수도 있다. 다양한 사람들과 대화가 단절된 세상에 살고 있지만 역지사지로 서로 이해하고 양보한다면 층간소음으로 인해 생기는 갈등은 줄어들지 않을까 생각해 본다.

할머니

　엄마는 내가 태어나고 백일쯤 되었을 때 동생을 가졌다. 그래서 나는 할머니의 품에서 컸다. 어느 정도 인지 능력이 생겼을 때부터 엄마의 빨간 치마가 문밖에서 어른거리면 문창호지를 찢어 놓을 만큼 엄마에게 가고 싶어 했다. 뱃속에 있는 동생에게 해로울까 봐 할머니는 나를 엄마에게 가지 못하게 하느라 밤낮없이 끼고 살았다.

　할머니는 입이 짧아서 우유도 먹지 않고 울기만 하는 나에게 밥할 때 생기는 밥물을 떠먹이며 정성으로 키웠다. 그렇게 애지중지 키웠음에도 나는 할머니에게 살갑게 대하지 않았다. 엄마에게 가지 못하게 했던 원망이 자리잡고 있었기 때문이었다.

　내가 성인이 되어서도 할머니에게 퉁명스러운 것은 여전했다. 손자가 둘이나 태어났는데도 언제나 할머니의 사랑은 일편단심, 나에게만 각별했다. 따뜻한 구들목에 밥그릇을 묻어놓고 나를 기다렸고, 맛있는 간식거리는 감춰 놓았다가 내게만 주었다. 동생들 입에 들어가는 것도 빼앗아 버릴 정도로 "우리 자야, 우리 자야!" 내 이름을 입에 달고 사셨다. 나는 그런 할머니의 관심이 부담스러웠다. 살갑게 대하면 나를 향한 집착이 더 심해질 것 같아서 일부러 더 무심하게 대했다.

며칠을 앓아누웠던 날, 회심곡이 듣고 싶다 했다. 동생이 카세트 테이프를 틀어주었다. 나는 청승스럽다고 하면서 카세트를 꺼버렸다. 사실은 돌아가실까 봐 무서워서였다. 할머니는 다시 틀어 달라는 말도 없이 내가 하는 대로 가만 내버려 두었다. 그렇게 저녁 무렵 다시는 못 올 길을 가셨다.

후회는 언제나 뒤통수만 보인다고 했다. 할머니가 돌아가시고 나서야 내가 얼마나 불효를 저질렀는지 깨달았다. 마지막 가시는 길에 회심곡마저 꺼버린 일이 내내 가슴을 쳤다. 온 동네 사람들의 눈물샘을 자극할 만큼 많이 울었다.

나는 청개구리였다. 며칠에 한 번씩 혼자 할머니의 산소에 찾아가서 울었다. 그날도 할머니 무덤 앞에서 멍하니 하늘만 쳐다보고 앉아있었다. 갑자기 무서운 생각이 들면서 머리카락이 곤두섰다. 주위를 둘러보니 아무도 없고, 무덤만 빽빽이 있었다. 뒤를 돌아보지도 않고 뛰다시피 하면서 산소를 떠나왔다. 엄마는 할머니가 정 떼려고 그렇게 무서운 생각이 들게 했을 것이라 했다. 그 이후로 혼자 산소를 찾아가는 일은 없었다. 그렇게 할머니는 서서히 내게서 잊혀 갔다.

  나도 할머니가 되었다. 딸의 출근 시간에 맞춰 손녀를 봐주러 갔다. 손녀들을 유치원에 보내기 위해 매일 같은 시간에 가는 것도 힘들었다. 요즘 신혼부부는 육아가 힘들어서 아이를 낳지 않는다고 한다. 젊은 사람도 이럴진데 엄마의 도움 없이 나를 키우느라 할머니는 얼마나 힘들었을까. 이제는 할머니의 얼굴도 생각나지 않는다. 꿈속에서라도 만날 수 있다면 할머니의 따뜻했던 손과 얼굴을 만져보고, 나를 업고 키웠듯이 한 번만이라도 업어드리고 싶다.

흘려보냄

　머리가 아파 병원에 갔다. 오래전부터 벼르고 있던 검사를 해 볼 작정이었다. MRI를 찍었다. 결과는 충격적이었다. 뇌에 혈전이 생겨 뇌경색이란 진단이 나왔다. 남들보다 유별난 아이를 키우며 머리가 터질 듯이 신경을 쓰고 살았으니 당연한 결과라는 생각도 들었다. 여태까지 살아온 것도 힘들었지만, 앞으로 살아야 갈 시간을 생각하니 온몸에 힘이 빠졌다. 난감했다. 흐르지 못해 생기는 부작용이 몸 곳곳에서 기회만 엿보고 있는 것 같았다.
　딸은 코로나로 나가지 못하게 하니 온종일 징징대며 울었다. 지하철도 타고, 동전 노래방에 가서 친구들도 만나야 한다며 종일 나가려고 기회만 노렸다. 못 나가게 막아야 하는 전쟁

같은 날이었다. 하루 이틀도 아니고 내게도 참을성이 임계점을 넘어섰다.

그러다 보니 화롯불 같이 뜨거운 것이 하루에도 몇 번씩 치밀어 올랐다. 조그마한 일에도 가슴이 콩닥거리고 잠조차 오지 않았다. 일상생활이 지겨워지기 시작했다. 이러다가 죽을 것만 같아서 수면제를 먹고 잠을 청했다.

약을 먹고 잠자리에 들었더니 마음도 몸도 안정되는 듯했다. 마음이 편해지니 또 다른 걱정이 생겼다. 자꾸 수면제에 의지하면 약을 끊기 어려워진다는 조바심이 들었다. 아무리 긍정적으로 연결해 봐도 수면제는 또 다른 불안의 짐이 되기 시작했다. 이제는 약을 끊어야 하는 숙제가 발목을 잡았다.

불현듯 성모님이 떠올랐다. 시골의 자그마한 성당을 검색해서 아이와 함께 피정을 갔다. 두 팔을 벌리고 나를 반기는 성모님 앞에 무릎을 꿇었다. 묵주기도를 바치는 동안 하염없이 눈물이 흘렀다. 십자가에 매달린 아들을 바라보는 성모님은 어떤 마음이었을까? 감히 성모님의 고통에 비할 수 있겠냐만 자식 때문에 고통받는 내 마음을 알아주셨으리라.

솔숲 뒷동산에 예수님의 고난을 묵상하는 십자가의 길이 있었다. 14처를 묵상하면서 성모님의 손을 잡고 함께 걸었다. 마음이 안정되고 평화가 찾아들었다. 아이도 색다른 풍경에 갑갑

함이 사라진 모양이었다. 내 뒤를 졸졸 따라오며 기도하는 시늉을 했다. 아이도 행복해하는 모습이라서 흐뭇했다.

밤이 되었다. 잠은 오지 않고 골짜기에서 흐르는 물소리가 들렸다. 쉼 없이 흐르는 소리에 마음을 집중하니 잡생각이 없어졌다. "해결되지 않는 고민은 할 필요도 없다. 물처럼 흘려보내라." 하는 속삭임이 들리는 것 같았다. 드디어 해답을 찾았다. 흐르는 물줄기를 따라 내 마음도 함께 흘려보냈다.

희붐하게 날이 밝았다. 약을 먹지 않고도 한두 시간은 잔 것 같았다. 그러기를 일주일, 차츰 불안한 마음이 줄어들었다. 작심하고 약을 꺼내서 물에 녹였다. 그리고 흘려보냈다.

흘러가는 것은 되돌아오지 않는다는 것을 믿으면서.

쉼표

 담장 너머 피어있는 새빨간 장미가 예쁘다. 방싯거리며 짙은 향을 뱉아내고 있다. 향을 더 깊이 느끼고 싶어서 당겼더니 손이 따끔거린다. 가시에 찔린 것이다. 장미의 호위무사들이 내 손을 찌른 것이었다. 이렇게 저마다 살아있는 모든 것들은 자신을 보호하는 방법이 있다.
 나는 살면서 신체적으로도 힘들었지만, 신경을 많이 쓰고 살았다. 신경이 예민한 탓도 있었겠지만, 생활 환경 탓도 있었다. 그래서 항상 내 머릿속 건강이 궁금했다. 예민해진 신경은 툭하면 불면증에다 불안증세도 나타냈기 때문이었다. 아픈 엄마의 뒷바라지를 하느라 미루다가 엄마의 장례식을 치르고 나서 벼르고 있던 검사를 하러 병원에 갔다.

MRI를 찍어보고 싶다고 했다. 의사는 내게 머리가 아프다든지, 몸에 힘이 빠진다든지, 말이 어눌하다든지 무슨 증세가 있는지 물었다. 기억력이 떨어지는 것 외엔 특별한 증세는 없다고 말했다. 나이가 있으니 기억력이 떨어지는 것은 당연하다며 돈이 많이 드는 검사이니 다시 한번 더 생각해 보라고 했다. 마음먹은 김에 그대로 진행해 달라고 했다. 아이러니하게도 환자는 검사하겠다고 하고, 의사는 보험이 안 되니 조금 더 생각해 보라고 하고 서로의 입장이 뒤바뀐 것 같았다. 한편으로는 돈벌이에 연연하지 않는 의사가 참으로 고맙다는 생각도 들었다.

시끄러운 기계음은 수십 분간 내 머릿속을 촬영하다 멈췄다. 신경과 밖에서 기다리니 간호사가 내 이름을 불렀다. 드디어 결과가 나왔다. 의외의 검사 결과에 의사가 더 놀란 것 같았다. '어찌 이런 일이' 하며 일주일 전에 무슨 증상이 없었냐고 물었다. 아무 증상도 없었고, 지금도 멀쩡하다고 했다. 촬영한 사진을 보여주며 뇌경색이라고 했다.

태연한 척했지만, 충격이 없었다고 하면 거짓말이다. 하지만 예상도 했었다. 항상 긴장하며 살았고, 주변에 챙겨야 할 사람이 남들보다 많았다. 쉬엄쉬엄 살라는 경고라고 생각하니 이만하길 다행이다 싶어서 차라리 안도의 한숨이 나왔다.

의사는 내게 머리에 점이 하나 찍혔다고 생각하고 다시 막히지 않으려면 신경이 쓰이는 일은 하지 말고 노래교실이나 다니면서 즐겁게 살라 했다. 사람이면 누구나 다 그러고 싶을 것이다. 머리에 쉼표가 생겼다고 생각하니 지난날들이 필름처럼 스치면서 서글퍼졌다. 사람이 이러다가 죽는 것이구나 하며 만감이 교차했다.

우리 집과 친정집은 5분 거리에 있다. 아침을 먹고 지적장애가 있는 딸내미 도시락 챙겨 나들이콜 택시를 태워 보내고 친정집으로 간다. 친정집 싱크대에 담겨있는 설거지를 한다. 어제 깨끗이 닦아놓은 가스레인지가 음식물로 더럽혀져 있고, 냉장고를 열어보면 쏟아 놓은 김칫국물이 빨갛게 나를 맞는다.

엄마는 아프고 나서부터 살림에 관심이 없어졌다. 두 집 살림에 쫓아다니다 보니 나도 나이가 있는지라 힘들고 지쳤다. 그래도 부모님은 자식이니 나를 젊다고 여기고 있는 듯했다. 위로 언니나 오빠가 없는 맏이니 어디 하소연할 데도 없었다.

한 걸음이라도 빨리 가려고 종종걸음으로 살았다. 이것을 해결하고 나면 쉴 수 있겠지 해서 바쁘게 움직여도 해야 할 일들은 끊임없이 나를 기다리고 있었다. 그러다 보니 아무 일이 없어도 바쁜 습관이 몸에 배어버렸다. 내가 해야만 편하다는 강박관념도 생겼다.

신호등이 바뀌려고 깜빡거리고 있다. 빨리 지나가려고 무리

하게 움직이다 넘어졌다. 아픈 것은 고사하고 창피스럽기 그지없다. 이제는 천천히 느리게 움직여야겠다. 신호등이 바뀌면 어떤가. 다음 신호등도 있지 않은가. 아직도 내게는 쉬어 갈 시간이 있으니 그래도 다행이다.

  나는 쉬는 방법을 모르고 살았다. 알려고도 하지 않았다. 머리에 있는 쉼표가 나의 경고 카드라고 생각하고, 이제는 정말 넘어지지 않게 천천히 가야겠다.

서랍 속의 까만 안경

　시숙이 세상을 떠났다. 굽은 등은 이승의 마지막 절차에서도 난관을 겪고 있었다. 똑바로 눕혀야 하는데 등이 기역자처럼 굽어서 펴지지 않았다. 하는 수 없이 옆으로 비스듬히 비켜 뉘일 수밖에 없었다. 입관 담당자는 체격이 작아서 다행이라고 했다. 시숙이 굽은 등으로 어떻게 살았는지를 알기에 그 사실마저도 짠했다. 많이 먹으면 숨이 차다며 소식을 한 시숙이었다. 이십 대에 기차에서 떨어져 척추를 다쳤고, 가난한 홀어머니에게 말해도 소용없을 것 같아서 혼자 견디다가 장애가 왔다.
　시숙이 젊었을 때는 작은 키에 마른 것 외에는 외관상 보기에 흉하지는 않았다. 나이가 많아지니 굽어진 등뼈가 폐와 심장을 눌렀다. 조금만 걸어도 숨이 차고 고개를 들지 못하고 등이 굽을 대로 굽었다. 결혼은 하지 않고 독신으로 살았다. 몸이 아파 병원에 갈 때면 자연적으로 우리 부부가 보호자가 되었다. 남편보다는 내가 병원에 같이 갈 때가 많았다. 병원에서는 입원할 때만 빼고 오빠로 소개하기도 했다.

시숙은 항상 발등과 땅만 보고 걸어야 했다. 유머 감각이 남달라서 흘린 돈 주우려고 땅만 보고 걷는다며 너스레를 떨던 시숙이었다. 나보다는 남을 배려하는 모습이 몸에 밴 따뜻한 성품이어서 나는 남편보다 시숙을 더 편하게 생각했다. 남편이 잘못하거나 속을 썩이면 일러바쳐서 꾸지람을 듣게 했다. 시숙은 오빠가 없는 내게 친정 오빠 같은 사람이었다.

날씨가 추워져 시숙의 숨쉬기가 가빠졌다. 자주 가던 동네 병원에서는 소견서를 써줄 테니 큰 병원으로 가보라고 했다. 대학병원에 입원시켰다. 우리 부부는 밤낮을 교대로 병원에 오가며 병실을 지켰다. 병원 측에서 2주 이상 입원은 무리이니 집 가까운 병원으로 입원을 권장했다. 내가 드나들기 편하도록 우리 집 근처에 있는 병원에 입원시켰다. 그 병원에서도 숨이 찰 때 인공호흡기를 달고 사는 수밖에는 더 이상 해 줄 것이 없다면서 퇴원하라고 했다.

지금 상태로는 혼자 있기 어려우니 한집에 같이 살자고 제안했다. 시숙은 아무리 설득해도 막무가내로 거절했다. 지금 사는 동네가 편하다고 기어이 고집을 부리며 당신이 사는 집으로 퇴원했다. 나를 생각해서였다. 장애 자식을 데리고 사는 고충을 조금이라도 덜어주려는 배려였다. 하여 조금 안 좋은 기미라도 있을 것 같으면 남편이 자고 오는 방법을 택했다.

천성이 밝고 긍정적이라 전화를 걸면 언제나 목소리만큼은 쩌렁쩌렁했다. 전화기 너머 목소리만 듣고 시숙에 대한 걱정에 게으름이 생기기도 했다. 갑자기 이런 일이 일어나리라고는 생각지도 못했다. 남편의 전화기가 매일 보초를 섰다고 생각했기 때문이었다.

그날은 예외였다. 낮에 하던 전화를 저녁 무렵에 했다. 전화를 받지 않는다며 급하게 뛰쳐나갔던 남편에게서 시숙이 돌아가신 것 같다는 전화가 왔다.

시숙은 작은 체구를 동그랗게 말아 서랍 속에서만 뒹굴던 까만 안경을 쓰고, 쪼그리고 앉아있는 자세로 주검이 되어있었다. 한 번쯤 그 쩌렁쩌렁한 목소리로 "빨리 와봐라." 호출이라도 해줬더라면 얼마나 좋았을까 했지만 이미 때는 늦어버렸다.

남편이 시숙을 졸라 야외에 가기로 어렵게 약속을 잡은 날이었다. 일찍 준비를 마친 듯 따라오다가 생뚱맞게 우리 두 사람에게 집으로 들어가자고 했다.

"제수씨요, 이거 어때요?"

시숙은 서랍 속에서 까만 안경을 꺼냈다. 시숙은 이 날을 위해 선글라스를 샀던 것이었다. 순간 나는 당황스러웠다. 폼 잡고 나선 내 행색이 쳐다보여 죄송했다. 시숙은 안경을 보여주기만 하고 서랍 속에 도로 넣어 버렸다. 멋있다고 꼬드겼지만 소용없었다. 왜 안경을 쓰지 않느냐고 물었다.

"땅만 보고 갈 텐데, 쓰면 뭐해요. 안 그래요?"

그렇게 말해도 내가 우겨서 쓰고 가자고 해야하는 게 맞았다. 그것이 시숙과 우리 부부의 마지막 나들이가 되고 말았다. 그 이후 나는 까만 안경의 존재는 까맣게 잊어버리고 있었다.

시숙은 왜 선글라스를 쓰고 앉아서 죽음을 맞았을까? 아무리 생각해 봐도 이해가 되지 않았다. 평소 성격으로 봐서는 선글라스를 멋으로 쓰고 싶어 했던 것은 결코 아닌 것 같았다. 햇빛을 가리는 안경의 역할이 주검을 발견할 동생에 대한 배려의 용도로 쓰였다고 그렇게 믿고 싶어질 뿐이다.

남편이 유품을 챙겨왔다. 그중에 시숙의 선글라스도 있었다. 아직도 남편의 서랍 속에 고이 잠자고 있는 까만 안경을 볼 때마다 오빠 같았던 시숙을 떠올린다.

엄마꽃

　인간극장에서 신내림 받은 총각이 주인공으로 나왔다. 사연은 구구절절이지만 신내림을 받아서 실생활과 무당으로서의 이중생활을 보니 돌아가신 친정엄마가 생각난다.
　내가 초등학생이었을 때였다. 아버지가 폐병 말기로 병석에 누웠을 때 지푸라기라도 잡는 심정으로 무당을 찾아가 굿을 한 뒤 정말 신기하게도 병이 나았다. 그때 무속인이 엄마에게 신내림을 받을 운명이니 무당이 되라고 했다. 엄마의 나이 삼십 대 초반이었다.
　기가 찰 노릇이었다. 엄마는 신내림을 받지 않으려고 아버지와 우리 네 남매를 버려두고 객지로 떠났다. 어린 자식들과 남편을 버려두고 간 엄마의 심정은 오죽했겠는가. 엄마가 없는 우리 집에서 초등학교 2학년밖에 되지 않은 나에게 맏이라는 책임감의 굴레가 씌워진 때이기도 했다.

　엄마의 가출은 2년 만에 마침표를 찍었다. 그리고 신내림을 받았다. 방안에 신줏단지를 모셔놓고 깨끗이 단장하고 아침마다 무엇인가를 빌고 있는 엄마는 예전의 살가운 눈빛이 아니었다. 그리고 가족 중에 누가 아프기라도 하면 병원보다는 굿을 했다.

　엄마의 인생 2막은 신내림을 받아 사흘이 멀다 하고 산으로 들로 쫓아다니는 일이었다. 집안 살림은 뒷전이었고 미친 사람처럼 무엇에 홀린 사람이 되었다. 그러다가 커다란 대나무를 대문밖에 걸어놓았다. 점집이 된 것이었다. 사람들이 점을 보러 뜨문뜨문 오더니 소문이 나서 사람들의 왕래가 잦아졌다. 엄마의 인생이 나의 일상도 바꿔 놓았다. 집안일은 내 몫이 되어 버렸다.

　엄마는 본격적으로 점집을 열었고 그때의 내 나이가 초등학교 4학년인가 5학년인가 정확하지는 않았지만, 막냇동생이 어려서 내가 업고 다닌 기억이 난다. 막내가 사고를 치고 다치거나 하면 늘 내게 먼저 회초리를 치던 엄마였다. 아직 초등학교를 졸업하지 않은 어린아이에 지나지 않았는데 나를 어른처럼 취급했다. 하소연할 곳도 없었다. 그때부터 조금씩 엄마에 대한 원망이 자리 잡기 시작했다.

밥하고 빨래하고 동생들 돌보고 집 안 청소는 온통 내 차지였다. 그럴 수밖에 없었던 것은 답답한 놈이 우물을 판다고 했던가. 깨끗하게 정리 정돈을 하지 않는 집이 나 스스로 견디기 어려웠다. 믿는 구석이 있도록 한 내 잘못도 있기는 하다. 이러한 혹독한 단련이 후에 내가 힘들고 어려운 환경에서도 쓰러지지 않은 자양분이 되기도 했다.

너무 별나게 깨끗하게 하면 오던 복도 달아난다고 엄마에게 욕을 얻어먹기 일쑤였지만 숙제는 뒷전이고 집에 돌아오면 치우는 일이 잠자기 전까지 이어졌다. 숙제를 마치고 밤늦게 잠자리에 들면 쉬이 잠들지 못해서 늘 잠이 부족했다.

우리 모녀는 행동도 성격도 정반대의 성향이었다. 서로의 행동이 마음에 들지 않아서 다투는 일이 많았다. 그럴 때마다 엄마는 나가라는 말을 했었고, 나도 집을 떠나고 싶었다. 학교를 마치고 취업했지만, 집이 싫은 건 여전했다.

내 나이 스물넷, 그 무렵 외할머니가 내게 중매를 섰다. 결혼만이 집을 떠날 도피처로 생각하던 나였다. 외갓집에서 아무 생각 없이 선을 보고 좋다 싫다 한마디 말도 없이 아버지가 혼인날을 잡고 내게 통보할 때까지 나는 가만히 있었다. 한 번밖에 없는 인생이라고 이렇게 아무에게나 내 인생을 맡기고 싶지 않다고 정신을 차렸을 때는 이미 늦은 후였다. 그때야 나의 의사와 상관없는 혼인은 무효라고 울고불고 법석을 떨었지만 이미 배는 출항 준비를 마치고 있었다. 나의 힘든 인생 2막을 예고라도 하듯이 식장에서 하염없이 눈물을 흘리면서 예식을 올렸다.

아이가 태어나고 생을 포기하고 싶을 만큼 산후우울증을 겪었다. 엄마는 이런 나를 그냥 내버려 두었다. 혼자 무인도에 버려진 듯한 지독한 외로움이 엄습해왔다. 밤새 울고 보채는 아이를 어떻게 달래야 하는지 허둥대다가 날이 밝으면 혼자 겪어야 하는 육아 전쟁이 너무 싫었다. 아침이 오면 혼자 있는 집이 무서웠다. 기저귀 가방과 젖병을 챙겨 아이를 업고 사람들이 북적대는 거리를 떠돌았다. 흡사 정신이 반쯤 나간 미친 사람 같았다. 아니 차라리 미치고 싶었다. 그래야 이 상황에서 벗어날 수 있을 것 같았다.

아이와 같이 찻길로 뛰어들고 싶다는 생각도 여러 번 했었다. 이러다가 미치기 전에 내가 죽을 것만 같았다. 나는 내가 무서워지기 시작했다. 아이가 무슨 죄가 있을까 생각하면서 정신이 번쩍 들었다.

엄마를 찾아갔다. 나 미쳤으니 정신병원에 입원시켜 달라고 말하면서 펑펑 울었다. 당신 팔자처럼 나 역시도 무당의 길을 걸어야 한다는 다른 무속인의 말을 듣고 굿판을 벌였다. 나에게서 무당의 짐을 벗기려 했는지 아니면 걷게 하려 했는지는 당시에는 알 수 없었지만 이런 엄마와 더 이상 엮이고 싶지 않았다. 엄마와 나의 인연은 여기까지가 끝이라고 생각하고 친정을 의지하는 마음을 완전히 버렸다.

모든 일을 나 혼자 해결하려 했지만 그러기에 나는 아직 나이가 어렸다. 수면제를 먹어야 잠을 잘 수가 있었지만 병원에 갈 돈도 없었다. 잠을 자지 못하고 제대로 먹지 못하니 젖이 나오지 않았다. 아이에게 젖을 물릴 수 없다는 죄책감에 시달렸다. 이러지도 저러지도 못하는 환경이 수없이 나에게 제동을 걸어왔다. 그래도 살아지더라는 말이 딱 맞는 말이었다.

어쩌면 내가 세상에 태어날 때부터 나의 운명은 정해져 있었는지도 모른다. 태어난 날부터 나를 우울증에 빠지게 한 첫아이는 돌이 지나도 걷지 못했고, 말을 하지 못했다. 병원에서 소아자폐라는 진단을 받았고 서서히 나는 세상에서 가장 바쁜 엄마의 길로 접어들고 있었다.

아이를 키우면서 글로는 표현할 수 없는 수많은 사연이 나를 낭떠러지에 서게 했고 세상 이목에 대한 두려움과 열등감이 나를 가두었다. 그럴 때마다 나를 세상에 있게 한 엄마에게 원망의 화살을 돌렸다.

엄마는 말년에 대장암에다 당뇨합병증, 신장 투석에 이르기까지 고생을 많이 했다. 툭하면 응급실로 가야 했고 입원해야 했다. 그 모든 절차를 친정집 가까이 있는 내가 떠안았다.

엄마는 그러다가 결국엔 아버지를 부탁한다는 말을 남기고 여든여덟에 돌아가셨다. 나는 참 독하고 못된 딸내미였다. 엄마가 돌아가신 날, 아픔이 없는 곳에서 걱정하지 말고 잘 계시라고 하며 엄마에게 사느라 고생하셨다는 말만 하고 크게 슬퍼하거나 울지도 않았다. 내게는 엄마 때문에 병원 다니며 고생했던 기억만 잔뜩 하고 애잔한 마음은 들지 않았기 때문이었다.

후에 엄마가 돌아가시고 나를 성당으로 이끌어 주신 성당 대모님께 엄마의 이야기를 들었다. 내가 당신의 운명을 타고날까 봐 대모님의 손을 잡고 제발 성당으로 데리고 가 달라고 무릎을 꿇고 울면서 부탁하셨다고 했다. 멍에처럼 지고 있던 당신의 신앙을 내팽개치고 그렇게 절실하게 매달리는 엄마를 보면서 대모님은 참으로 모정은 대단하다는 생각을 했다고 한다. 특별한 환경에 있는 나를 위해 기도도 많이 했다고 했다.

내 힘든 삶에 가려 원망만 할 줄 알았고 내 아픔만 생각하며 살았다. 내 엄마의 힘듦은 보지 못한 반성을 이제야 하게 되었다. 때늦은 후회는 안 하는 것만 못하지만 그래도 하는 게 사람이리라.

세상에 아름답지 않은 꽃은 없다. 하지만 자식을 향한 내리사랑 엄마 꽃보다 더 아름다운 꽃은 없을 것이다. 엄마가 없는 세상에서 그동안 미안하고 고마웠다고 뒤늦은 고백을 해 본다.

발문

성찰과 회한의 진액으로 엮어내는 고백서

　유감스럽게도 이 세상은 공평하지 않다. 누구에게는 많은 것이 주어지고, 누구에게는 적은 것이 주어진다. 어떤 나무는 푸른 들판에서 따사로운 햇살을 받으며 살고, 어떤 나무는 비탈진 언덕에서 찬바람을 맞고 서 있다. 어쩌면 이것이 운명이고, 신의 섭리이고, 자연의 이치일 것이다. 다행스러운 것은 큰 것을 가진 자가 늘 희망적인 것이 아니고, 작은 것을 가진 자가 늘 절망적이지 않다는 것이다. 생명체에게 부여되는 이러한 도전과 응전이 곧 개인의 흔적이고, 집단의 역사이며, 모든 생명체가 이 세상에 존재하는 이유이며 가치일 것이다.

　옥경자의 글은 조금은 남다르게 살아온 자신의 삶에 대한 고백

서이다. 때로는 나에게 주어진 생에 대한 통절한 눈물이며, 때로는 한 줌 물을 찾아 떠나는 연약한 뿌리의 간절한 몸짓과도 같은 것이다. 마침내는 가장 낮은 마음이 되어 성찰과 회한의 진액으로 엮어내는 새벽녘의 기도 같은 것이다.

마흔 살의 장애 자식들을 데리고 떠나는 하루 동안의 여행기 「원 플러스 원」은 우선 작가의 어제와 오늘 그리고 내일을 가장 포괄적으로 짐작하게 하는 글이다.

    원 플러스 원으로 묶여있는 제품을 샀다. 공짜로 얻은 것 같은 생각에 손끝에 전해지는 묵직한 느낌이 싫지만은 않다. 그렇지만 썩 내키지 않는 마음도 한편에 있다. 붙어있는 제품 하나가 시원찮아 하나를 더 보탠 듯한 의심이 든다. (중략)
    마흔이 다 된 자식들을 하나씩 옆구리에 붙이고 일행은 동대구역 매표소 앞에 모였다. 장애인복지카드를 내밀며 "원 플러스 원이요." 하니 매표소 직원이 우리 일행을 쳐다본다. 지적장애인은 보호자와 같이 지하철은 '원 플러스 원'으로 무임승차이고, 기차는 50프로 할인이다. 혼자서는 여행을 갈 수 없는 어른이 된 아이들, 그렇다고 우리 엄마들 역시 이 어린에들을 떼놓고 여행을 할 수 있는 처지도 아니다.(중략)

일행 중 누가 묻는다. 우리가 있는 오늘은 괜찮지만 내일은 어쩔 것인가. 아무도 대답하지 못한다. 아이의 손이 슬그머니 옆구리를 비집고 들어온다. 빨리 가자는 신호이다. 1과 1이 기대어 사람 인人자가 되듯 그렇게 기대어 살아가자고 나의 원 플러스 원에게, 옆의 원 플러스 원에게 속으로 응원을 보낸다.(중략)

내가 내 이야기를 쓰는 1인칭 주인공 시점의 수필이 얼마나 용기 있는 자의 글인가 하는 것을 옥경자의 글로써 깨닫게 된다. 자기 내면을 온통 비워낸 뒤 밀려오는 또 다른 슬픔과 아픔까지도 감수해야 하는 일이 수필이기 때문이다. 그러기에 그의 수필을 읽고 연민이나 위로의 말을 떠올리는 것은 결코 권하지 않는 독서법이다. 아픔을 끌어안고 있는 자는, 아픔을 바라보는 자보다 이미 훨씬 깊고 넓고 큰 자리에 있기 때문이다. 그의 수필은 단순히 자신의 처지를 토로하는 것에 그치는 것이 아니라 스스로를 토닥이며 단련하고 수련하는 과정이기도 한 까닭이다.

작가에게는 늘 비탈에 선 나무가 되어 찬바람만 맞은 기억이 있는 것이 아니다. 그의 수필은 작품집 후반부에 갈수록 맑고 밝으며 희망적인 메시지를 전한다. 「꿈은 날개가 있다」, 「천사들의 합창」, 「하늘 높이 날아라」, 「초록꽃」, 「엄마꽃」, 「서랍 속의 안경」 같은 글들이 그러하다. 사실 그에게는 원 플러스 원이 되는 큰딸만 있는 것이 아니다. 기역자로 꺾인 허리로 평생 땅에 붙어사는 시숙도 있고, 사고로 경추를 다친 1급 지체장애인인 친정 동생도 있으며, 결국은 무속인으로서 가족의 업을 대신하여 살아온 엄마도 있다. 그의 수필은, 한 편 한 편 순탄치 않은 도전이 있었고, 거기에 맞추어 결코 굴복하지 않고 너끈히 응전의 의지를 보여준 고단한 한 인생의 서사이기에 감동의 울림이 크다.

그 중에서도, 만약 수필이 형식에 구애받음이 없고, 온전한 감성의 결과물이라고 한다면 작품 「엄마 찬스」를 우선으로 꼽고 싶다.

작가는 두 딸을 두었다. 「엄마 찬스」에는 둘째 딸이 등장한다. 작가는 세상에서 가장 기뻤던 날로 대학을 졸업한 둘째가 임용시험에 합격한 날, 그 아이가 결혼하던 날, 그리고 첫 손주를 준 일(-「토닥토닥」에서)을 꼽았다. 그 딸이 친정에 와서 출산하고 울릉도로 돌아가는 날이다.

배를 타러 떠나면서 딸이 농담처럼 내게 말했다.
"나는 언제 엄마 찬스를 쓸 수 있지?"
웃으면서 하는 말이었지만 아프게 마음에 자리 잡았다. 가슴이 먹먹해지는 엄마 찬스란 말에 유효기간이 없다고만 했다. 한순간도 엄마의 시선을 차지하지 못하고 자란 딸이었다. 나에게 있어서 엄마 찬스란 딸에게 진 마음의 빚을 조금이나마 내려놓을 수 있는 것으로 생각하고 있었다. 그렇지만 기회는 자꾸만 내게서 멀어지고만 있다. 뱃고동 소리가 요란하게 울리고 아이를 하나씩 안은 딸과 사위는 손을 흔들며 떠나갔다.

작은딸은 모든 집 안 사정을 온전히 지켜보며 살았다. 그래서인지 자기 또래보다 일찍 철이 들어버렸다. 세상에 자식에게 잘해주고 싶지 않은 부모가 어디 있겠는가. 언젠가는 나에게도 기회가 오겠지 하며 살았다. 나도 이제는 큰딸에게 익숙해져 마음의 여유가 생겼다. 작은딸이 아이를 낳으면 아무리 어려워도 내 손으로 키워주고 싶었다. 육아 담당이라도 신경 안 쓰게 하고 싶었는데, 생뚱맞게 의사인 사위가 울릉도로 발령이 난 것이다.

딸은 꿈에라도 올 생각 말라며 울릉도로 오라는 말을 한 번도 하지 않았다. 혼자서 아이 둘을 키우려면 엄마라도 곁에 있어야겠지만 그럴 사정이 아니니 물론 저도 막막할 것이다. 하지만 나에게 기회는 점점 멀어지고 있는 것 같다. (-「엄마 찬스」 요약)

"그래도 세상은 살 만하다."라는 말이 자주 쓰이는 것은 늘 비바람 불어 젖는 날만 있는 것은 아니기 때문이다. 비탈진 언덕에 선 나무는 찬바람에 맞설 튼튼한 가지를 키우게 된다. 그러면서 든든한 잎들을 달게 된다. 그에게는 묵묵히 바라보며, 참고 견디며, 양보하고 배려하며, 지켜주는 자식이 있다. 어쩌면 어림없는 보상이 될지라도 울타리가 되는 가족들이 있다.

대체로 한 편의 조각 글이 돌아다니며 여럿의 심금을 울리는 것이 수필이다. 그러나 그것은 한 작가의 완전한 대체물이 될 수는 없다. 한 편의 글이 한 편을 더하는 '원 플러스 원'이 되어, 아니 '원 플러스 다섯과 열'이 되어 더욱 빛나는 경우가 있다. 작가들이 굳이 작품집을 묶어 내는 이유 중에 하나도 거기에 있을 것이다. 옥경자의 수필도 그러하다. 그의 수필집은 한 편의 글이 다른 한 편의 글에 기대어 또 다시 그것들이 여러 가닥의 인생을 강물처럼 수렴함으로써 비로소 감동을 이루는 서사시이다.

작가는 이번 수필집을 통해 자기 삶을 보여주려고 또는 알아달라고 말하는 것 같지 않다. 흔히들 자신이 감당할 수 있을 만큼 십자가를 준다고 한다. 그것은 겪어보지 않고 하는 말이다. 감당할 수 있는 만큼이 아니라 감당할 수밖에 없는 것(-「죽을 죄」에서)이 우리네 인생이다. 그러니 그의 수필은 타인의 인생을 가볍게 바라보지 말고, 좀 더 남다른 삶을 귀하게 여겨달라는 요청인 것 같다.

　옥경자에게 수필은 숨구멍인 셈이다. 그는 세상의 이목이 무서웠을 때, 답답했던 숨통을 틔워 준 것이 수필쓰기였다고 했다. 웅크린 어둠을 수필로 끄집어내면서 세상을 보는 시야가 넓어졌다고도 했다. 편견으로 보던 세상의 작은 것 하나에도 남다른 시선으로 바꾸어 보는 여유도 수필이 준 선물이었다. 그러기에 이번 그의 수필집이 스스로를 더욱 다독이는 자존의 표상이 되기를 바란다. 아울러 이웃들에게 전하는 따뜻한 한 줄기 온기가 되기를 기원한다.

-홍억선(한국수필문학관장)

옥
경
자
수
필
집

편견으로만 보던 세상의 작은 것 하나에도
남다른 시선으로 바꾸어 보는 여유도 생겼다.
이제 상처받은 내면아이를 다독다독 안고 가련다.

우리시대의 수필 작가선 100

원 플러스 원

옥경자 2023

인쇄일 | 2023년 09월 20일
발행일 | 2023년 09월 25일

지은이 | 옥경자
엮은이 | 이유희
편집인 | 이숙희
발행처 | 수필세계사
인쇄처 | 포지션

출판등록 | 2011. 2. 16 (제2011-000007호)
주소 | 41958 대구광역시 중구 명륜로 23길 2
연락처 | Tel (053) 746-4321 / Fax (053) 793-8182
E-mail | essaynara@hanmail.net

값 13,000원
ISBN 979-11-93364-00-0

* 이 책의 판권은 지은이와 수필세계사에 있습니다.
  양측의 서면 동의없이는 무단 전재 및 복제를 금합니다.